心に触れるホームページをつくる

秋山典丈

鳥影社

心に触れるホームページをつくる

目 次

はじめに　*7*
　　この本の対象について　*7*
　　この本の主題　*9*
　　企業がホームページを持ち始めた頃　*11*
　　引き合いが重視され始めた頃　*12*
　　ホームページに力を入れ始めた頃　*16*
　　ホームページ作成者に必要なこと　*21*

基本編 ···*23*

1. ホームページの大切さ　*24*
　　SEO の重要性　*24*
　　抜群のコストパフォーマンスに気づいていない人々　*26*

2. 基本の作り方　*29*

誰に向けてページを書くか　*29*

専門用語が分からない人は来てもしょうがない？　*31*

将来購入してくれる可能性のある人とは？　*33*

専門用語は分かっているはずの既存のお客様　*36*

では、どう作ればよいのか？　*42*

ホームページに必要な情報は何か？　*44*

営業について　*46*

商品・サービスについて　*48*

3. ページ内容はストーリーを重視　*49*

検索する人のことを考える　*49*

今までの問題点（背景・競合）　*51*

独自の対策や提案（解決策の仮説）　*52*

商品・サービスを使うメリット（優位性を示した検証結果）　*54*

用途例（具体的なメリット）　*55*

売り先が分からない商品をどうするか？　*56*

ヒアリングわらしべ長者　*57*

4. 商品・サービス企画者とホームページ作成者　*66*

企画者はホームページ作成者に最適　*66*

企画者の重要性　*68*

5. ページの書き方　*71*

一つの単語にも気を使う　*71*

類義語をどう扱うか　*74*

HTML の定義に沿った書き方になっているか？　*75*

よくある A タグと H タグの間違った使い方　*78*

企業ロゴのリンクの間違い　*80*

初期状態で隠れているコンテンツ（文章）表示方法は使用しない　*81*

どこへも行けないページは作らない　*82*

description や keywords に対して　*83*

Wikipedia はお手本　*85*

6. リンク構造に関して　*87*

リンクについて　*87*

リンク構造の重要性　*88*

リンクの張り方　*90*

7. サイト全般に関して　*92*

サイト内検索でのサイト改良方法　*92*

ブランド別サイト　*93*

ブログや CMS の使用　*94*

英語など日本語以外の言語　*96*

SSL について　*97*

会員制について　*99*

8. 基本編まとめ　*101*

彼を知り己を知れば　*101*

上級編······103

1. ホームページの改良方法　*104*
「ホームページを改良しなさい」と言われた時　*104*

2. 二種類ある修正方法　*107*
入口と中身　*107*
入口の作り方　*109*
中身の作り方　*110*

3. どんな検索単語が最適か？　*113*
考えなくても自動で分かる単語の見つけ方　*113*
順位は低いがアクセスのある単語　*116*
順位が低いページを充実させる方法　*119*
ロングテールキーワード　*121*
表示回数も分析に加える　*124*
上位に来ているページの調査　*127*

4. テーマは統一されてますか？　*130*
分かりやすい（良い）ページとは何か　*130*
ページ別にアクセス原因を探る必要がある　*131*
テーマや単語が分散している場合はページを分離独立
させる　*133*
同様なテーマのページが複数ある場合はページを統合
する　*135*

テーマの抽象度を合わせる作業　　*137*

否定的な単語・テーマ　　*139*

複数の単語　　*142*

5. ホームページ作成に必要なこと　　*144*

何を訴えたいか分かっていますか？　　*144*

情報は様々なところから収集する　　*145*

日々続けること　　*147*

6. 引き合いですべてが始まる　　*149*

上位表示だけでは引き合いは来ない　　*149*

いかに引き合いを増やすか　　*151*

引き合いの分析の仕方　　*153*

対応したくない引き合い？　　*159*

7. 引き合いに対するフォロー　　*161*

何を探そうとしていたかを探る　　*161*

前もって情報を仕入れてから電話　　*162*

コミュニケーション履歴の記入　　*163*

8. 商品企画への活かし方　　*164*

9. ブランディングについて　　*167*

10. コンサルティングという仕事　　*169*

餅は餅屋　　*169*

11. 上級編まとめ　*172*

戦わずして人の兵を屈する　*172*

見込み客の獲得から売り上げるまで　*172*

まとめ…………………………………………………………*175*

1. 日々行うこと　*176*

テーマに沿ったページになっているかの調査　*176*

上位表示でアクセスの多いキーワードの近くの順位の
ページ調査　*178*

新たな単語の発掘　*178*

おわりに　*180*

はじめに

■この本の対象について

　ホームページを作成する人なら誰でも参考にしてもらえると思いますが、一番読んでほしいのは企業に勤める販売促進担当者、ホームページ作成担当者、商品企画担当者の方たちです。

　極力初心者の方にも分かるように用語に関してはその都度説明を入れています。

　しかし、ホームページを長年担当している方にも「ハッ」とした気づきを得られるように内容は上級者向けのものも含まれています。技術的に難しいのではなく、考え方に関しての内容になりますので、初心者の方でも理解していただけることでしょう。

　販売促進担当者、ホームページ担当者の方々に対して、長年ご相談いただいたり、セミナーを開催したり、勉強会をしたりしてきました。その時は「とってもよく分かった」「言われた通りにホームページを変更してみる」と言われる方が多いのですが、実際に半年後に連絡してみると「忙しくてやっていません」「セミナーの時には非常に納得したのですが、いざ自分で行おうとすると分かりません」と言われることがよくあります。

（もちろん、「変更したらアクセス増えました」といううれしいご報告もあります）

　それで要望も多かったのですが、本にして何度も読み返せる形にしようと思ったのが、この本を書いた動機です。

　また、商品企画担当者にとってもホームページを作成すること、また作成後にアクセスログを見て分析することが企画をする上で非常に役立ちます。その辺りが分かるように書いています。

基本編の

　3. ページ内容はストーリーを重視
　4. 商品・サービス企画者とホームページ作成者

上級編の

　8. 商品企画への活かし方
　9. ブランディングについて
　10. コンサルティングという仕事

が参考になるはずです。

　この本を読めば誰でもアクセスや引き合いの来るホームページを作成することができますが、具体的にどのツールを使うと

いうよりはツールを使わなくても、どういった考え方でホームページを作成すべきかに重点を置きました。

具体的なツールは年が経つと使えなくなるケースが多く、本の内容も陳腐化してしまうからです。

できるだけ、普遍的に末長く通用する内容になるように書きました。

■この本の主題

この本で一番訴えたいのはホームページ作成者が「見る側の立場で作成する重要性」です。

ホームページは見た人の感想が届きにくいため、基本的に作成者側の「好きなように」作られがちです。

特に商品・サービスを紹介するページとなると、その傾向が強まります。

セミナーでも毎回それを伝えていますが、なかなか実践するのが難しいようです。

見る側に立って考えてみます。

人が「よかった」と感動を覚えるのは「今までの経験になかったものに触れたとき」でしょう。

そして感動を覚えるとその人はそのもののファンになります。

食べ物でも場所でも音楽でも本でも映画でもテレビでも何で

もそうです。

　ホームページも「見てよかったという感動」を与えることがファン獲得に繋がります。

　映画の場合ハッピーエンドだけでなく、主人公が最後に死ぬというバッドエンドも印象に残り、感動を与える場合もあります。

　ブログなどで出来るだけ多数の人に見てもらいたいという目標の場合はあえて悪印象を与えて、他の人に紹介してもらい多数のアクセスを稼ぐ、いわゆる炎上という方法もあります。

　商品・サービスを販売している会社にとっては知らなかったものを知ってもらい、良い印象を与えて購入してもらうことが最終目標となります。

　会社の場合は強く印象を与えることは良いですが、その会社に悪印象を持ってもらうのは避けるべきでしょう。

　ありきたりなページで内容も他のサイトと似たような内容であれば悪い印象は残りませんが良い印象も残りません。それでは他とは差別化がされないので存在している意味もなくなってしまいます。

「見ただけ時間を損した」という印象だけが残ります。

　タレントのランキングでも「好き」にも「嫌い」にもどちら

にもランクされないよりは「嫌い」にランクされた方がましと言われますが、それと同じことですね。

いずれにしても見る人の「心に触れる」「心に刺さる」必要があります。

そして、そのような内容のページを作るためには何より「見る側に立つ」姿勢が必要なのです。

ホームページも商品企画も「心に触れる」という意味では同じで、そのためホームページ作成は商品企画にも通じるのです。

このことを念頭において、この本を読んでいただければと思います。

■企業がホームページを持ち始めた頃

製造業において 2000 年頃まではホームページを持っていない会社も多かったのですが、このころから徐々に

・持っていないと恥ずかしい。
・名刺にホームページの URL の記載がないと時代に遅れている。

という風潮が生まれ始めました。

最初のころは企業のホームページは体裁を整えるためという意味あいが大きかったです。

　名刺の交換時に「ホームページが出来ました」という挨拶がされていたのもこの頃でした。

　従って、内容的にも貧弱なものが多く、よく情報が載っていると思われるものでもカタログまるごとコピーのような状態だったり、デザインがほとんどされていないテーブルの枠がそのまま表示されているようなものが多かったように思います。

■引き合いが重視され始めた頃

　当時でもホームページを探すときには検索エンジンのサイトに探したい単語の情報を入れて検索して、そのページを見つけるという方法は一般的になっていました。
　ただし、Googleが登場する前も検索エンジン自体は多数存在していましたが、探したいものを検索してもなかなか見つからない状況が続いていました。

　それは主に二つの理由によります。

・絶対的にホームページの数が少なかった。
・検索エンジンの能力不足（同一単語の複数回の挿入などによる単純な順位上げの小手先のテクニックに弱かった）

で質の良い情報を持つページがなかなか上位に表示されなかった。

私は当時、「キーエンス」という会社で商品企画をしていました。
そこでイプロスという「製造業向け検索マッチングサイト」（当時）を企画しましたが、それはまさに Google が出て一世風靡しかかっている時でした。

その時、製造業では部品や装置を探すのに周りの人に聞く以外には、いつも購入している専門商社やなじみの営業に相談することぐらいしかできませんでした。
本当はもっと探しているものにぴったりあうものがあったかもしれないのに、マッチングがうまく行かないことが多々ありました。

この状況を打開しようと製造業に絞って情報を集め、検索してすぐに見つかり、引き合いを出せるサイトを考えたのです。
その頃 Yahoo! は既にメジャーなサイトでしたので、「製造業版 Yahoo!」などと言っていたこともありました。

当時、ホームページを持っていない、もしくは貧弱なものしか持っていない企業が多かったこともそのような製造業向けポータルサイトへの登録を加速する要因でした。
自分ではホームページの作り方は分からないし、どうやって

サイトを公開するかも分からないというニーズにマッチしたのです。

　さらに自分で会社情報や商品情報を入力できない人のために、カタログを送ってもらい、データベースに入力し、サイトに表示されるようにしました。

　Yahoo!と違うのは検索した際に外部のページに誘導するのではなく、イプロス内のその企業の専用ページ（商品紹介や企業紹介）に誘導したことです。

　つまり登録した企業はイプロス内にホームページを無料で持てるという仕組みでした。

　引き合いが来ることが分かった企業の担当者は自分で商品登録をし始め、出展社と出展商品が増えるにしたがって、サイトは賑わうようになっていきました。

　情報が増えるとそれを探す閲覧者も増え始めるという好循環を生み出したのです。

　人々は引き合いを低コストで受けることのできるネットの重要性に気づき始めました。

　最初のころは出展社と閲覧者を同時に集めるためにイプロス自体も製造業の展示会に出展していました。

　それと並行して、一般的な検索エンジンからイプロスに登録されている商品のページへのアクセスを増やす重要性に気づ

き、工夫を重ねて、イプロス内の各企業ページ・商品ページを上位に表示されるようにしていました。

　ちょうどその少し前に（2000年）Google（日本語版）が登場して、「重要なページから多くのリンクを集めるページは重要だ」という画期的なアルゴリズム（問題を解くための計算方法や手順。ここではある単語で検索した時にどのようなサイトを上位に持っていくかの計算方法のこと）によって、それまでの検索エンジンがすべて陳腐化し、求めている情報に近いものが簡単に探せるようになります。

　検索した際に探していたものがある程度の精度で簡単に見つかるようになるとみんな検索エンジンを使い始めるので、その際に表示されないのは困ると企業も徐々に検索エンジン、ひいてはホームページの重要性に気づき始めます。
　これが2002年ぐらいでした。

　そして、

・ホームページを持つ企業が増加。
・検索エンジンの能力が上がり、より質の高いページが上位に表示。

　こうなると好循環のサイクルに乗り、ホームページは爆発的に増えるようになりました。

だんだん、Google からのイプロスへの流入も増えていきました。

　同時に Google 普及前に流行っていた**小手先の検索エンジン上位表示テクニック**※も通用しなくなっていきました。

（※小手先のテクニック：検索エンジンに対してはマッチさせたい単語を何回も挿入して単語の密度を上げる一方、その文字を背景と同色にしたり、ブラウザの表示外への配置をしたりして、人が見てもおかしくないようにするテクニックなどのこと）

　イプロスはもともとそういうことはしていませんでしたが、そのような小手先のテクニックが Google 登場により通用しなくなり、より人間が評価するものに近いランキングになってきたのでよい時代になってきたと思っていました。

■ホームページに力を入れ始めた頃

　その頃、イプロスのお客様から
「検索エンジンで自社のホームページの商品紹介ページよりイプロス内の自社商品紹介ページの方が順位が上に来ているんですけど、何とかならないんでしょうか？」
　という声が届き始めました。
　そのころはまだ SEO という言葉も認知されていませんでした。

いろいろな実験を行ってページの内容を工夫していたために
ノウハウを知られたくないので
「それはいろいろ工夫しているんですよ」
とお茶を濁していました。

しかし、
「お金を払うから何とか上位に行くようにしてください」
という声が大きくなってきて、無視できなくなりました。

私は（Google のような）一般の検索エンジンを運営してい
ません。ですから明確には分かりませんが、普通に考えると、
公平性が失われるためそのような検索エンジンが個々の順位を
操作することはないでしょう。
（実際には検索エンジンが意図的にページ情報を検索結果に表
示していない場合はあるようです）

また、膨大で複雑な計算式により順位を出しているので検索
エンジンの作成者自身にも順位を上げる確実な方法は分かりま
せん。
つまり、順位を上げてくれと言われても保証は出来ません。
それで無用なトラブルになるのも困るので、どうしようかと
思った時に思いついたのは私が上位表示を実現するのに使って
いたログ解析をお客様に貸し出すことでした。

➡ ログ解析とは

　ここでいうログ解析とはアクセスログ解析とも言い、簡単にいうと、ページにアクセスされたログを解析したものです。

　このログを取得する方法は
・ウェブサーバー側で記録されるログ
・JavaScript などを使って別のサーバーで収集されるログ
などがあります。
いずれの方法でもログには以下のような情報が入っています。
・閲覧に使ったパソコン（正確には IP アドレス）
・閲覧日時
・閲覧したページ
・その前に見ていたページ（参照元ページ）
・閲覧したブラウザ（正確にはユーザーエージェント）
（他にも取得できる情報はあります）
　実際のログは数字を少し変更していますが、以下のようなものです。

000.000.000.000 - - [07/May/2018:10:44:54 +0900] "GET /contact/ HTTP/1.1"
200 4452 "https://www.rectus.co.jp/" "Mozilla/5.0 (Windows NT 10.0; Win64;
x64）AppleWebKit/537.36 （KHTML, like Gecko) Chrome/66.0.3359.139
Safari/537.36"

はじめに

```
000.000.000.000 - - [07/May/2018:10:44:59 +0900] "GET /company/
HTTP/1.1" 200 6716 "https://www.rectus.co.jp/contact/" "Mozilla/5.0
(Windows NT 10.0; Win64; x64) AppleWebKit/537.36 (KHTML, like Gecko)
Chrome/66.0.3359.139 Safari/537.36"

000.000.000.000 - - [07/May/2018:10:45:01 +0900] "GET / HTTP/1.1"
200 5497 "https://www.rectus.co.jp/company/" "Mozilla/5.0 (Windows
NT 10.0; Win64; x64) AppleWebKit/537.36 (KHTML, like Gecko)
Chrome/66.0.3359.139 Safari/537.36"
```

　これをそのまま見るのは大変なので、見やすく集計し直して
表示するサービスやソフトのことをログ解析（アクセスログ解
析）といいます。

　有名なものでは Google Analytics などがあります。

「ログ解析サービスを道具として使い、自分で順位を上げてく
ださい」

　というサービスを始めたのです。

（Google Analytics は 2005 年開始ですから、それより前の
ことです）

　使い方は個別にお知らせしました。

　使いこなす企業の担当者（お客様）はアクセス数を伸ばして、
社内での評価も上がり大変感謝されました。

実際、検索結果においてイプロスのようなメディア内のページの方が本物のページより順位が上というのは本来の検索エンジンの動作からすると好ましくないものです。

　検索エンジンの技術が進化すれば、そのうち逆転され、本家の方が上位に表示されるはずなので、お客様に頑張ってもらい、本家の順位を上げる方が健全です。

　現在、自分の作成したオリジナルのページより、そのようなメディアやまとめサイトのようなページが上位表示されている状態になっている方がおられたら、それは何かがおかしいはずなので一度サイト全体を見直した方がよいでしょう。

　このログ解析は生のアクセスログデータがあれば自分で作れないことはないものなので、そのようなサービスを利用しなくても同じ結果を導き出すことが出来ます。

　要はログを解析することによって、アクセスのされ方を調査、分析して、ページの内容を変えていくことが出来るというわけです。

　この本で説明する内容は最終的には具体的な道具（ログ解析）の使い方にまで踏み込んで説明します。

はじめに

■ホームページ作成者に必要なこと

　企業のホームページの作成のお手伝いをしていると問題がおおごとになっていくことがよくあります。

　ホームページ作成担当は販売促進担当が兼任されていることが多いです。
　商品のことについてその作成担当者にヒアリングを続けていくと、そのうちその方だけでは回答出来なくなることがよくあります。
　開発の背景や競合に対する優位点などの細かい情報に関して、ある程度は分かっていても詳しくは知らないケースが多いです。
　その場合、さらに営業や開発に尋ねてもらうことになります。
　そこで止まればよいのですが、既に開発者がやめてしまっていたり、ドキュメントが残っていなかったり、営業にも開発にも分からずに八方ふさがりになるケースも多々あります。
　社長にまで到達することもあります。

　この本を読んでいただくとよく分かりますので、最初に結論を書いておきますが、ホームページの構造（ページ同士のリンク〈つながり〉の構造）や各コンテンツを作成するのに最適なのはその会社の「商品・サービス企画者」です。
　そして、この「商品・サービス企画者」が元々いない、いなくなってしまったという企業は普通に存在します。

自社の商品体系、事業をよく把握している人が経営者以外にいないなら、ホームページ作成を機会に「企画者」を作ることを強くお勧めします。

　もちろん、販売促進担当者が商品体系や事業を把握するに越したことはありません。

　ホームページというのは企業や商品・サービスの紹介をする場所です。

　何をしているか、何ができるかを正確に大量に盛り込むことが多くの人に知ってもらうために必要なことになります。

　その際に闇雲に情報を詰め込むのではなく、きちんと体系だって記述されていれば見る方も安心、納得できるわけです。

　あなたなら、情報が散らかっている会社と整然と分かりやすく整理されている会社があった場合に、同じような商品や仕事を発注するとしたらどちらに頼みますか。

　ホームページの作成という業務が企業の根幹にかかわる大切なことであるという認識が経営者にない場合は、まずそこに気づいてもらうことが大事です。

　このことを覚えておいて、これからの文章を読んでいただけるとより深く理解していただけます。

基本編

1. ホームページの大切さ
2. 基本の作り方
3. ページ内容はストーリーを重視
4. 商品・サービス企画者とホームページ作成者
5. ページの書き方
6. リンク構造に関して
7. サイト全般に関して
8. 基本編まとめ

1. ホームページの大切さ

■ SEO の重要性

Google 登場以降、ホームページも充実し始め、検索で必要な情報が簡単に手に入る状態になると「検索して表示されないのは世の中に存在しないことと同じ」というような状況になってきました。

検索にマッチしてもある程度上位に表示されなければアクセスされることもない、自己満足だけの情報公開となってしまいます。

SEO という言葉は聞かれたことがあるでしょうか。
Search Engine Optimization 検索エンジン最適化と訳されます。
つまり、検索エンジンで見つけてほしい単語に対して上位表示されてクリックされるようにページやサイト全体を最適になるように設計するという意味です。

なぜ SEO が注目されるかというと

・一度対策を行えば長期的に上位表示が見込まれる。
・キーワード広告のようにクリックされてもコストがかからない。
・広告と違い、他のページからのリンクも見込まれるページが上位に来るため、信用度が高く感じられる。

からです。

そこで SEO 業者なるものもうまれ、検索者にとって本当に必要な情報を表示しようとする検索エンジンと見せたい情報を何とか上位表示しようと考える作成者の知恵比べの状態が続いています。

Google 登場以前は小手先のテクニックやページ内の工夫だけでも確かに上位表示可能でした。

Google 登場以降はそのアルゴリズムに着目して、バックリンク（そのページへの別のページからのリンク）が多い方がいいということで多数のサイトからリンクを張る方法をとる SEO 業者が現れました。
　具体的にはブログのページを多数の別のホストで作成し、人間が読んでも文章としては成立していないような機械的に作成した文章の中に順位を上げたい検索単語を埋め込むという方法です。
　順位を上げたいページにその検索単語からリンクを張るという「スプログ」といわれる手法です。

1. ホームページの大切さ

　いろいろ考えるなあと感心していましたが、お客さんに相談された際はそのような手法はやめた方がよいとアドバイスしていました。
　実際、その後 Google により対策がされて、そのようなことを行ったサイトはランキングがかなり落とされていました。

　現在は正当な作成方法でない「検索エンジンのアルゴリズムをだますようなテクニック」はほとんど通用しない状態になっています。

　私は人間が見やすくて、アクセスされたときに「見つけてよかった」と思われるページを作成するべきだと一貫して主張してきました。
　最近は検索エンジンが賢くなったので、そのようなページが上位表示されるようになり正直者がバカを見ない、よい状況になってきました。

■抜群のコストパフォーマンスに気づいていない人々

　企業がホームページを作成する意味について考えます。

　通常、企業は営業活動により、自社サービス・商品を売り込みます。
　それには店舗や営業マンが必要になります。

それらはホームページを作成、維持するのに比べて多大な費用がかかります。
（給与以外にも保険、年金、働く場所の確保など）

　店舗の場合はある程度近くにいる人しかターゲットにならない上に、その店舗がそこにあることを知ってもらう必要があります。

　営業マンの場合は客先まで交通費とその人の時間を使って会いに行かなければなりません。
　また営業マン自身の能力も人それぞれなので、お金を払って雇ったからといって確実に売り上げが伸びるとも言えません。
　さらに売り上げが伸びるなら、給料を上げないと辞めてしまうため、営業マンの雇用のための維持費用も上がるでしょう。

　ホームページはお客さんが見に来てくれる上にインターネットがつながるなら、世界中のどこからでもアクセスが可能です。
　また、アクセス数が増えたからといって、ホームページの維持費用が上がるということもほぼありません。

　さらに営業の場合は、
「どういう人か分からない人にこちらのサービスを勧める」
　という難しさがありますが、ホームページの場合は目的をもって検索してくるため
「サービス内容になんらかの興味がある人に自由に説明を読んでもらえる」

1. ホームページの大切さ

ので、こちらからの説明はその人の疑問点に回答するだけで
よいという簡単さがあります。

つまり、攻めの営業ではなく、待ちの営業となります。
当然、待ちの営業の方が成約率が高くなります。

求めているかどうか分からない人たちに、手当たり次第に声
をかけていく営業とは勝負になりません。

それにもかかわらず、ホームページのことを重要に考えない
方々は今でも多数おられます。

重要に考えないというのはお金を出さないという意味ではあ
りません。
しっかり考えていないという意味です。
頭とお金と時間をかければ、それなりの見返りがあることを
分かっていないのです。

何でもそうですが、しっかり本質を見極めなければ、お金も
時間も無駄になります。
逆に本質が分かっていれば、お金も時間もそれほどかけずに
大きい効果を得ることが可能になります。

2. 基本の作り方

■誰に向けてページを書くか

ここが分かっていない人（企業）が多すぎます。
ほとんどの人は自分の書きたいことしか書きません。

つまり、企業を例にとると、

・我々はこういう製品を売っている。
・その製品の仕様は○○。
・問い合わせはこちら。

こんな感じです。

全く読み手のことは考えていません。

ホームページは何のためにあるのかをじっくり考えたことは
ありますか？

読んでもらった人に内容を納得してもらうためです。
もっと言えば、「見てよかった」と思われるためです。

2. 基本の作り方

　誰が見ても「見てよかった」と思われないページは存在価値のないページで検索エンジンもそういうページを上位に持ってこないようなアルゴリズムに改良されて来ています。

　企業の想定すべき読み手は極端にいえば、既に購入した人か、将来購入してくれる可能性のある人です。

　どちらも重視すべきですが、ページ作成に気を使う必要があるのは
「将来購入してくれる可能性のある人」
　になります。

　先ほどの例に突っ込みをいれてみましょう。

　・我々はこういう製品を売っている。
　　→こういう製品って何？　専門用語だらけで説明が分からない。
　　→どんな業界で使われているの？

　・その製品の仕様は○○。
　　→それって、どのようにすごいの？
　　→他の会社の商品でも同じことは出来ないの？

　思い当たる節はありませんか？

読み手を想定してコンテンツを決めましょう。

　検索しているということはそのものやそのことについての何かを知りたいということを意味しています。

　ページを作成する場合、そのページにはどのような言葉でアクセスされるかを想定した上でコンテンツを決めることが重要です。

「弊社はこういう会社です」

「こういう製品を作っています」

　という作成者側目線でのコンテンツ作成はやめましょう。

■専門用語が分からない人は来てもしょうがない？

　企業の担当者と話をしているとよく

「専門用語の説明はいらない。説明しないと分からないような人はお客さんじゃないから」

　と言われます。そして、専門用語だらけで素人には難解なページを作っています。

　このような言われ方をするのは基本的に営業や開発の方が多いです。

　販売促進担当者は「特に技術的な説明のページなどは我々素人には分からないけど、おそらく売る方（営業）も買う方（お客様)も分かっているんだろう」と思われていることが多いです。

　要は自分が分からない商品・サービスの販売促進を担当して

2. 基本の作り方

いるのです。

「営業も開発も忙しそうにしているので聞けない」と思っていることも多いです。

　分かっていないとダメなんだろうなと思っていても、上記のようなことで、どうにもならないと諦めている方もおられます。

　その状態で営業や開発に「説明不要！」と言われるとそれ以上は言えないし、聞けないわけです。

　この「専門用語の説明は不要だと言われる方々」は、どういう読み手を想定しているのでしょうか？

　この方々は大きな勘違いをされています。

　まず、専門用語を知らない、これから勉強する

「将来購入してくれる可能性のある人」

　が読みにくることがないという思い違いです。

　次に、

「既にその会社の商品もしくは競合の商品を使っている人には専門用語の説明は不要だ」

　という思い違いです。

　一つずつ見ていきましょう。

■将来購入してくれる可能性のある人とは？

　まず、何らかの単語で検索するということはその言葉について、今持っている知識以上の情報、もしくはあやふやな知識を補足してくれる情報を探しているといえます。

　その商品の名前を知らなくても、「こういうことができるもの」を探している人は多数います。

　それは学生かもしれませんし、社会人かもしれません。
　学生は研究で使うのに先輩に言われて、まだあまり分かっていない状態で検索してきます。

　社会人の場合は新入社員が学生と同様に先輩に言われて探していることもあります。
　また、別の分野ではとても詳しい技術系の社員が、全く知らない分野について担当することになり、新しく何らかの形で使えないかを検討している場合もあります。

　恐らく、「専門用語は説明不要！」と言われていた方々も最初は素人だったはずです。
　この新入社員や学生たち、またはその時はまだ専門外の技術者は購入してくれないから説明は不要と無視してよい人たちなのでしょうか？
　もし、今のホームページが専門用語ばかりの素人お断りペー

2. 基本の作り方

ジだった場合、前述の学生や新入社員などの方たちはどう思われるでしょうか?

　説明が難しくて理解できない場合、もしくは説明が丁寧ではなく理解できない場合、その人は検索順位で次に来ている別のページを開いて探すことになるでしょう。
　また、そこでその会社の競合に当たるページを見つけて、詳しく素人にも分かるような情報が掲載されていたら、どう思うでしょうか?
「この会社なら、分からないことでも丁寧に教えてくれそうだ。問い合わせしてみよう」
　と思わないでしょうか?

　最初に「専門用語ばかりでページ作って何が悪い」と言っていた方たちもこの話を聞けば、分かりやすく説明する重要性を認識するようになります。

　初心者をプロに育てるぐらいの意気込みでコンテンツを書く必要があります。
　自分が検索したときに「このページはいいことが書いてあるな、助かった」と思ったことはないでしょうか。
　その時の気持ちを思い出してください。

　最近は、その道のプロでなくても、掲示板、HP ですぐプロ・半プロ?　になれる社会になってきています。

基本編

　つまり、そういう場所からリンクされてアクセスされる機会
も多くなっています。
　そのためにも誠実で正確な内容のページを心がける必要があ
り、初心者お断りのページは良くないことが分かります。

　問題をごくごく単純化した分かりやすい例を挙げてみます。
　例えば「ステンレス製のはさみ」を製造・販売している会社
があるとします。

　読み手を想定していないページの場合、そのはさみは一つの
特徴である

　・「ステンレス製」であること。

しか書いてありません。
　例えば、「さびにくい」というステンレスの特徴は専門家は
知っていて

　・当たり前すぎて書く必要がない。
　・知らない人はそもそもお客さんになりえない。

ので書きません。
　また、他に先がとがっていないので、刺さらないという安全
面の特徴を持っていたとしても書きません。

2. 基本の作り方

・写真が載っているので見たらすぐ分かる。

からです。

長所を言葉で書いていません。基本的に不親切なのです。

しかし、「はさみ」のことなら、「まあ、それだけの情報でも
いいか」と思っていませんか？　それは「はさみ」のことを皆
が知っているからです。自分たちの製造あるいは販売している
商品やサービスが「はさみ」のように知られているとは限りま
せん。

問題を単純化して書くと、「そんなわけないでしょ」と思わ
れるかもしれませんが、「ステンレス製のはさみ」でないだけ
で内容的には似たような内容でホームページを書かれていない
でしょうか。

■専門用語は分かっているはずの既存のお客様

いわゆるその道の「プロ」と呼ばれる人たちです。

さて、この人たちは本当にすべてを分かっているのでしょう
か？

自問自答してください。

自分は何のプロですか？

また、その分野について分からないことはないですか？

私はお金を頂いているという意味ではプロですが、結構分

かっていないことも多いのです。

　よくある誤解なのですが、

「細かいところは分かっていなくても全体は分かっている」

　という思い込みです。

　自分の身に置き換えても根本的に分かっていなかったなと気づくことはよくあります。

（私はそれが人生の楽しみの一つだと思っています）

　逆に言うと根本的に分かっていなくても、お金を稼げるという意味では「プロ」といえるのです。

　自分も含めての話ですが、最先端の技術を取り入れていない古典的なプログラムを書いても動作して、メリットを感じてもらえればお金を稼ぐことは出来るのです。

　メンテナンス工数や開発工数がかかったとしても表面上問題がなければいいのです。

　特に初回はそれを購入したときに支払うコストに比べてメリットがあると判断してもらえれば購入してもらえます。

　続けてそれを使ってもらえるかどうかには品質がかかわってきます。

　ただし、プログラムが読みにくい、メンテナンスしづらくても、外に出てくる品質が悪くなければリピートして使ってもらえます。

　要は動作はするが、メンテナンスや改良が非常に大変なプログラムを書けば、お金はもらえますが、後で自分たちが苦労す

2. 基本の作り方

るというわけです。

　プログラミング言語の特長をよく理解していなくてもプログラムは書けるということです。こういうことはよくあります。

　・機械設計をされる方でも部品の動きが分かっていない方
　　（でも、実際動作している）
　・営業しているのに販売している製品のことを理解していない方
　　（でも、お客様は喜んで使っている）

　いくらでもあげることが出来ます。

　つまり、
「その商品や類似した商品を使っているから、その商品のことをよく分かっている」
　というのは大変な誤解なのです。

　分かっていなくても、使っている人はたくさんいます。といいますか、大半は分かっていない状態で使っています。
　そして、それで十分事足りていることも多いのです。
　自分が必要なことが出来れば、後はどうでもいいからです。
　そもそも、少々間違った使い方をしていても他でカバーしていることもよくあります。

　またプロは専門家であるがゆえに自分の身近な部分に関して

- 38 -

は詳しいのですが、領域が狭すぎて少し外れると素人ということもよくあります。

　ここでいう「専門家」と「プロ」は同じ意味で使っています。

　私は専門家と話をする時も「全然分かっていないだろう」という前提で話を聞くようにしています。
　実際に少し矛盾したことに気づいて質問すると「回答出来ない」専門家がほとんどです。

　私もこうしてホームページのコンサルティングを仕事の一部として行っていますが、お客様の質問に即答できないことはよくあります。そんな時は調べて後から回答します。それでもコンサルティングは可能なのです。

　そこを誤解している人は多いです。
　先ほどの話、ホームページに掲載する専門用語だらけの内容についても、開発や営業の人に「これでみんな分かるはずだ」と言われると、販促の自分自身が分からないのは自分がダメなだけであって、読む人は分かるのだと誤解してしまいます。

　実際にあった話をしてみます。
　私のサラリーマン時代、企画の師匠にあたる方がいました。
　会社に入ったばかりで開発をしていた時、開発に明け暮れる同じような毎日に嫌気がさして、本気で辞めようかと思ったこ

2. 基本の作り方

とがありました。

　その時にその企画の方は「展示会に行くぞ」と開発に声を掛けられ、新卒だった私が行くことになりました。

　その業界専門の展示会では様々なブースを周り、担当者と話をしているのを横でわけも分からず聞いていました。

　内容に関してはほとんど覚えていないのですが、結構深い話をしていて面白かった印象だけが残っています。「このような人がいるなら、まだまだ絶対面白いことがあるはずだから、会社を辞めるのはよそう」と思ったことだけは覚えています。

　商品企画は営業と同行してお客様を訪問することも多いのですが、師匠と同行した営業の方からその師匠のことをよく聞きました。「あの人連れて行くとヒヤヒヤするんだけど、〈また連れてきて〉ってお客さんにいわれるんだよなあ」とよろこんで話されてました。

　どういうことかというと、お客様を叱るらしいのです。

　いつも営業が怒られているお客様に対して「使い方が間違っている」とかはっきり叱るので、営業マンとしては最初「え？（うわぁー）」となりますが、言われたほうのお客様は間違いを認めて感心するのだそうです。まあ、実際使い方が間違っているわけなので当たり前と言えば当たり前なのですが。

　正しい使い方を知れば「こんなこともできるんだ！　教えてくれてありがとう」と感謝されます。

それで知らなかった知識を得たお客様は「また来てください」となるわけです。

　営業マンとしてはなんだかよく分からないんですが、「この企画の人すごいんだな〜」となるわけです。

　普段、営業より製品のことをよく分かっていて、営業に逆に教えたり、「こんなことも知らないのか」と営業に怒ったりしているお客様でも、分かっていないことは多いのです。

　いつも使っている専門家であっても分からない、知らないことは多いのです。

　つまり、言いたいことは何かというと、専門家（プロ）を読み手として想定しても、「専門用語羅列」のホームページは間違っているということです。

　むしろ専門家にこそ、しっかり正しい情報を分かりやすく伝える必要があります。

　そして、それは先ほどの例からも分かる通り、大変ありがたがられる情報なのです。

　今でこそ、インターネットによって様々な情報が得られ、相談できるコミュニティも広がっている面もありますが、基本的に技術者は孤独なので自分から動かないと情報を得ることが難しかったからだと思います。

2. 基本の作り方

■では、どう作ればよいのか？

　読み手を想定して書く必要があります。その読み手には将来購入してくれる可能性のある人（新規客）と既に購入した人（既存客）がいるという話をしました。そしてどちらの場合も初心者にも分かるぐらい丁寧に書く必要があると説明しました。

　では、どう作ればいいのでしょうか。以下の二つのページに分けて考える必要があります。

・「将来購入してくれる可能性のある人」つまり、「新規客」
　向けのページ
・「既に使用しているもしくは競合の商品を使用している人」
　つまり、「既存客」向けのページ

　検索エンジン対策に主に力を入れるのは「新規客」向けのページであり、「既存客」向けのページはそれほど力を入れる必要はありません。
　なぜかというと「既存客」向けのサポートページは検索してアクセスされるとしても、商品名（型番）を入れてくるはずなので、その場合は検索エンジン対策しなくても勝手に順位は上に来ます。
　通常、その商品名は他で使われていない固有名詞だからです。
　世界中にその商品名（型式・型番）の入ったページの数は限られていて、順位が上がるというよりも競合にあたるページが

- 42 -

基本編

少ないので必然的に上位に表示されるわけです。

　ここで商品名は固有名詞であることが前提となります。
　ありふれた他に別の意味にもなるような商品名であれば話は違ってきます。
　そのためにも商品名や型番に別の意味を持つ一般名詞を使うのはよくないということになります。
　例えば、ある自転車に「虎」という名前を付けてしまうと「虎」で検索して自社の自転車にマッチさせることは極端に難しくなってしまいます。

　また、別の意味でなく、同じ意味で使う場合はどれだけその単語の認知度が高いかによって左右されます。
　例えば、「自転車」という名前をもつ自転車をホームページで紹介しても「自転車」で検索して、そのページを出すようにすることは「虎」と同様かなり難しいでしょう。そういう意味では名称に一般名詞をそのままつけるのもやめた方がよいことは分かります。
　ページのテーマと商品名が一致しますので、その一般名詞に言及しているライバルページがどのくらい存在するかによってうまく行くかどうかは変わってきます。

　そこで一つアイデアがあります。
　商品名にその商品の特徴を表す単語を結合させて固有名詞っぽいものを作ってしまうのです。

- 43 -

2. 基本の作り方

「ノーパンク自転車」「パンクレス自転車」
「自動点灯自転車」「オートライト自転車」

　このような命名をすれば一般名詞の結合で固有名詞のようになるので、一石二鳥となります。
　要は「パンクしない自転車」「自動点灯自転車」などでマッチしやすいページがそのまま作れるからです。

　自転車は認知度が高く、また種類も多いので、上記のような命名をしてもキャッチフレーズで既に使われているケースも多いでしょうから、それほど効果は上がらないかもしれません。
　あなたが紹介しようとしているサービスや商品は自転車ほど認知度が高く、競合が多いものでしょうか？
　そうでないなら、一考の価値はあるはずです。

■ホームページに必要な情報は何か？

　営業をしていないとあまり深く考えたことがない人が多いと思いますが、購入には、新規とリピートがあります。
　先ほど書いた「新規客」と「既存客」は「新規購入」と「リピート購入」に対応します。

基本編

・新規購入

　使ったことがないので良さは基本的に分かりません。

　使っていない人に良さ・便利さを想像させる力が営業力とも言えます。

　ホームページで「購入後のバラ色の世界」をイメージしてもらえるように作っていますか？

　後ほど「営業について」で少し触れることにします。

・リピート購入

　リピート購入するということはその商品の良さが分かっているということになります。

　リピートを増やすには品質を良くすること、サポートをよくすること、買ったことに対する満足感を高めることにあります。

　「商品・サービスについて」で少し触れることにします。

　二種類ともホームページでアクセス数をアップさせることが可能ですが、意識して作るのと作らないのとでは大きな違いが出てきます。

　繰り返しますが重要なことは、ページが新規客向けなのか既存客向けなのかを意識して書くようにすることです。

2. 基本の作り方

■営業について

営業に関しては人それぞれ様々な意見があるでしょう。

私の考える営業とは
「それを使った時にどんなに今までよりよくなるか、ということを想像してもらい、買った方がよいと決断させること」
です。

それにはいろいろな手段があります。例としてあげます。

・マシンガントークで考える間も与えず、無理やり想像させてしまう方法。【話す力】
・お客さんの話をずっと聞き続け、うなずき続け、お客さんの想像力に任せてしまう方法。【聞く力】
・それを使わなかった時にどれだけ損をするか、不幸になるかを具体的に説明して不安をあおる方法。【論理的説明力】

ちょっと極端に書いてしまいましたが、こう書くと、ほとんど詐欺のようですね。

そうです。営業は一歩間違えれば詐欺と変わりません。
上記の目的（想像してもらうこと）を考えれば、オレオレ詐欺もある種の営業と考えられます。
詐欺になるかどうかは購入後の満足度合いによるといえます。

基本編

　ただ、括弧【】内のように要約するとポジティブにとらえられます。

　たった３つの手段しか挙げていませんが、このように想像してもらう手段は他にもいろいろあります。

　ホームページで【話す力】を前面に押し出して、無理やり想像させるサイトはたまにあります。
【聞く力】を持ったページというのは通常のページでは難しいです。

　結局、ホームページの場合、専ら【論理的説明力】を駆使することになります。
　別に不安をあおる必要はありません。それを使わないでいた過去の自分とそれを使うようになった未来の自分を想像できるようなページを作れば自然に買ってもらえます。

　ホームページで問い合わせを受けた後に電話して

・お客さんの立場を理解して、一緒によりよい未来を想像する

　というのが引き合いのフォローの基本となります。

- 47 -

2. 基本の作り方

■商品・サービスについて

　事業を継続していくには永続的に信頼を得ることが一番大事です。

「永続的な信頼」は「詐欺」の対極に位置するものです。
　それはブランドともいえます。

　信頼を得るために大切なことは

「実際に使ってみた時に、買ってもらう前に想像したイメージを裏切らず、さらにはイメージ以上によかったと感じてもらう」

　ということにつきます。

　販売している商品がそうなっていればそれに越したことはないのですが、そうでない場合はホームページでそれを感じてもらうように作成することも考えられます。

　既存客向けにはそのような観点からページを作成するのも一つの手です。

3. ページ内容はストーリーを重視

■検索する人のことを考える

　検索する人のことを考えると研究論文発表のようなストーリーでページを構成することが最適です。

　研究の進め方を意識してストーリーを考えると以下のようになります。

① 今までの問題点（背景・競合）

② 独自の対策や提案（解決策の仮説）

③ 商品・サービスを使うメリット（優位性を示した検証結果）

④ 用途例（具体的なメリット）

3. ページ内容はストーリーを重視

大筋だけ簡単に書くと以下のようになります。

① 従来こういう問題がありました。

② 問題に対してこのように考えてこのような対策をとってみました。

③ この方法を使うと問題が起こらないためにこれだけ時間とコストが削減できるようになりました。

④ この方法は従来あったこの業界の問題を解決するだけでなく、別の業界の他の問題を解決することもできます。

要はその研究開発のストーリーが語られるわけです。
その商品の存在意義に関して順を追って説明されます。

考えれば当たり前なのですが、これが検索する人にとっても最適なコンテンツとなります。

次から順を追って説明します。

■今までの問題点（背景・競合）

　問題点には「困っている人が検索する」単語が多数入っていることが考えられます。

「○○○○　検出できない」
「○○○○　動作しない」
「○○が動かない」
「○○を△△△△にするには」
「○○不良とは」

　実際に自分が検索する時に否定的な単語を入れて検索することはありませんか？

　ホームページを書く場合、特に商品の場合は気づかないうちに否定的な単語を使わず、肯定的な単語ばかりになっていることはないでしょうか？
　なぜかというと基本的に商品の紹介に否定的な単語は載せたくないという気持ちが働くからです。

　しかし、
「従来は○○することが出来なかったので、かくかくしかじかの問題があってコストがかかっていた」
　のような文章を書くと否定的な検索単語にマッチするように

3. ページ内容はストーリーを重視

なります。

　よく考えれば、自社のサービスや商品が出来ないのではなく、従来のものが出来ないと書いているのですから、否定的な単語を入れることに対して抵抗はないでしょう。

　競合の商品に関して、明らかに上回っている特長を持っていたとします。
　その場合、他の商品では出来ないことがあります。

「○○ m 距離が離れると検出出来ません」
「毎分 20 個以上の○○○○の処理が出来る機械は存在しませんでした」
「○○して、○○して、○○するというすべての処理を一括で行うことができませんでした」

　などと従来のうまくできない問題とその理由を並べ立てるだけでも検索にヒットする確率は上がります。
　ですから考えられる限り出来るだけ多くの問題点をあげましょう。

　■独自の対策や提案（解決策の仮説）

　対策や提案には「同様な方法を考えた人が検索する」単語が入っています。

困っている人がいたとして、考えて解決策が浮かんだ場合、その解決策を実現するために必要なものを探すのに検索するとその単語がマッチします。
　また、解決策が思いついたとしても簡単に作ることが出来なかったり、コストがかかるものだった場合に、既存で既に開発済みのものがないか、もしくは必要な機械・部品をレンタルしてくれるところはないかと検索します。

「○○を○○すると○○が出来る」
「○○でうまく行えた加工を○○で使ってみるととても精度の高い加工ができた」
「○○を使うと今まで全くうまくいかなかった部分がすんなり動いた」

　自分で作るより既に存在しているものがあれば、それを購入したほうが早いというのはよくあることです。
　よさそうなものを見つければ自分で作ることは諦めます。

「○○するなら自分で作ると面倒なので、買った方が早い」
「金型を起こすところから作るぐらいなら多少高くても買った方が安い」

　アイデア商品や便利グッズを売っている店などでこういう経験をされることはないでしょうか。

3. ページ内容はストーリーを重視

　アイデアは自分も思いつくけど作るのは大変なので、誰か同じようなことを考えていないかなと思いながら検索されるような商品です。

　そのような文章があるとそういう検索需要に応えることが出来ます。

■商品・サービスを使うメリット
（優位性を示した検証結果）

　優位性・メリットには「解決したものと仮定して検索する」単語が入っています。

　その問題が解決するとこんなにいいことがあるということが書かれていれば、それを想定した検索によるアクセスも取り込むことが出来ます。

　一番簡単な例としては「工数削減」などの言葉です。このような単語は一つでは効果はありませんが、その装置やサービスと合わせて検索されることによって効果を発揮します。

　他にも以下のような類の単語です。

「廃棄物削減」
「省エネ」
「設定が楽」
「掃除簡単」

要はその商品・サービスが登場したことにより、
「〇〇が△△△△になってよくなった」
ということが書いてあればよいです。

そうすると、「〇〇 △△△△」で検索されてマッチします。

■用途例（具体的なメリット）

用途例には「具体的な事例で検索する」単語が入っています。

「〇〇業界でこのように使われています」という記述があると
その業界はもちろんのこと、別の業界の方が見たときも「あの
業界でこんな風に使えるなら、自分の業界ではこういう風に使
えるのではないか？」と想像してもらえます。
　購入には「購入した後のイメージ」が大事です。購入した後、
それを使用している自分のイメージがわかない商品やサービス
を購入することはありません。つまり、購入した後の使ってよ
かったというイメージを思い浮かべてもらえるかどうかが購入
してもらえるかどうかの分かれ目となります。

「〇〇〇〇業界の△△△△な現場で使用されています」
「〇〇〇〇業界では従来の△△に替えて使うことによりコスト
削減に役立っています」
「〇〇業界では△△と××を別々に行っていましたが、本製品

一つで処理できるようになりました」
　などと業界や実際の処理の単語が入っていると「○○　△△
××」で検索されてマッチします。

■売り先が分からない商品をどうするか？

　日本は技術先行型企業が多いからか、「売り先が分からない
から、とりあえず掲載している」という商品の話をよく聞きます。

　ある企業に大量に売れたので他の会社でも売れるだろうと思
うのだが、詳しく教えてくれないのでお客様がどう使っている
か分からない、そのある企業に売れたケースは納得のいく内容
だったが、他にどこで売れるかが思いつかないというような商
品です。

　もしくは既存商品・サービスとはあまり関連のない新しい技
術を思い付いたので作ってみたというケースもあるでしょう。

　昔のもののない時代ならいざ知らず今は必要ないものはただ
でも要らない時代だということを考えましょう。
　私は「読み手のことを考える」と書いていますが、このペー
ジを見た人はどう思うでしょうか？

「この商品は何をしたいんだろう？」
「誰に買ってもらいたいんだろう？」

「この会社は何をいいたいのだろう？」

　と、不思議に思われることの方が多いはずです。

　書いている方が明確なテーマを持たずに書いているのですから当たり前です。

　テーマがあやふやなことは人間だけでなく、検索エンジンにもバレバレなので上位に来ることもなく何の意味もない「不信感」を持たせるだけのページになってしまいます。

　ですから、このようなページは掲載するのをやめるべきです。

　では、どうするべきか。

　この本はホームページの効果的な作成方法を説明しているので範囲を少し逸脱しますが、ページのコンテンツを決めるときにも使えるテクニックですので紹介しておきましょう。

「ヒアリングわらしべ長者」と勝手に名付けました。

■ヒアリングわらしべ長者

　皆さんは何かに困った時どうしますか？

　今だとネットで検索が一番だと思いますが、その他にも「本で調べる」「人に聞く」という方法があると思います。

「ヒアリングわらしべ長者」は「人に聞く」を明確な目的をもって行うことです。

「わらしべ長者」という昔話は知っていると思います。

3. ページ内容はストーリーを重視

　ある一人の貧乏人が最初に持っていた藁を物々交換によって、最後は家を手に入れ金持ちになるという話です。

　この話はいろいろなことを示唆しています。

　明石 散人氏の書いた本に、戦術と戦略の違いを説明している「わらしべ長者」の話が出ています。

　「目的とは一つ一つの小さな事実の集積の向こう側にあり、今はそれが何であるか見ることはできない。見えないものを無理に見ようとせず、見えるようになるまでじっと待つ。やがて今まで見えなかったものが忽然と見えてくる。この忽然と見えてくるものが……、本当の目的なんだ」

　　　　　　　　　　　　　『真説 謎解き日本史』明石 散人

　目的意識を先に持ってはいけないということを「わらしべ長者」を使って分かりやすく説いているわけです。
　私は商品企画を長年やっていますが、コツを聞かれても説明できませんでした。
　この本を読んで気づきました。全く同じことなのです。
　何かを作ろうと思っても、実は商品は企画出来ません。
　コツコツと日々必要なことをひたすら行い、経験や知識を積み重ねていきます。
　それで見えてきたものを実現すれば企画が失敗することはありません。

基本編

　必要な商品が何かが分からない状態で人に聞くという行為を続けていく。

　何人かに聞いていると、それまで見えなかった何かが突然見えてくることがあります。

　それが本当のその商品の姿なのです。

　一番簡単にこれを実践する方法を特別に教えましょう。

　話が分かりやすいので、気になる商品（自社の商品でも他社の商品でも可能）をもって（実はもたなくてもカタログでも可）客先に出向きます。

　自分「お客さん、これどう思います？」

　お客様Ａ「何って？　これ○○会社の○○だよね」

　自分「使ってます？」

　お客様Ａ「使ってるよ」

　自分「どんなところがいいですか？」

　お客様Ａ「こことあそこがとても気に入っているね。だけど……」

3. ページ内容はストーリーを重視

自分「そうですか。だけど？」

お客様A「この部分が中途半端なんだよね～」

自分「何で中途半端なんですか？」

お客様A「いや、実は……」

などのようにどんどん会話は進んでいきます。
気づくと自分はお客様Aと同じ気持ちになっています。

別のお客様に行きます。

自分「お客さん、これどう思います？」

お客様B「何って？　これ○○会社の○○だね」

自分「使ってます？」

お客様B「使ってないな」

自分「なにかまずいところがあるんですか？」

お客様B「いや、自分たちのこういう使い方だと別の会社の
商品の方がいいんだよね？」

基本編

　自分「その使い方だとある会社では○○がとても気に入っているって言ってましたけど」

　お客様B「その会社はこうやって使ってんじゃないの？」

　自分「そうです。それでここが中途半端って言ってました」

　お客様B「ああ、その場合はそう思うよな。でも、それはここをこうすれば結構使えるんだよな。うちの場合はダメだけど」

　自分「それはさっき言われた使い方をするからですよね」

　お客様B「そうそう。それで別の会社を使っているんだけど、それはそれで問題あるんだな〜」

　自分「それはどこが問題なんですか？」

　分かりにくくてすみません。実際の商品を出せないのでこのような会話になっています。

　ただ既にこの分野に限って言えば、Aさんよりも詳しくなっている自分がいることに気づかれると思います。
　Bさんの言っていた「ここをこうすれば使える」という知識の分だけ詳しくなっているわけです。

- 61 -

3. ページ内容はストーリーを重視

　要はある人にはとても良い商品でも使用方法によっては、ある人には悪い商品になることがあるということです。

　この会話の例では「何にでも使える一般的な商品というのは用途を限定すると使えないことも多い」ということを採り上げています。

　この後、Ｃさんに訪問して、同じ質問をぶつけ、新たな知識を加えて、再びＡさんのところにもう一回訪問します。

　そうすると最初はＡさんより知識がなかった自分が不思議なことに、この部分においてのみですが、Ａさんより知識がある状態になっています。

　フィードバックして問題ない話の場合はＡさんの知らない知識を教えてあげると感謝されます。

　感謝してまた別の情報を教えてくれることもありますし、恩に感じて何かの時に助けてくださることもあります。

　延々と書けるのですが、ただページ数を稼いでいるだけになるのでやめておきます。

　最終的にＡさん、Ｂさん、Ｃさんの知識を併せ持つ自分が完成します。

　当然、その競合製品についての狭い範囲の知識ではありますが、10人に訪問すれば10人の知識を持つことが出来ます。ただし、聞く人の選定は重要ですが、5〜6人に聞けば十分な場合が多いです。

この話はある存在している商品の話を持っていったわけですが、先ほどのまだ発売していない「どこにどう売っていいか分からない商品」の場合にも通用します。

　何人かに聞いて全く話が広がらない場合は持っていく人を間違えているか、その製品が本当に特殊なもので売り先がないかどちらかです。

　もっというと実は商品に限りません。

　何か分からないことがあった場合にホームページで調べたり、人に聞いたりすると思います。

　ただし、盲点があります。先ほど、「専門用語は分かっているはずの既存のお客様」のところでプロでも分かっていない人がいるという話を書きました。

　それと合わせると結構な勘違いが世の中には生まれています。

　つまり、世間にはプロ一人に話を聞いて、本一冊読んで分かった気になっている人が多いのです。

「何十年もやっている○○さんが言うんだから間違いない」
「先生のいうことには従わないと」

　このような言葉が自然に出てくる人は特に要注意です。

　何十年もやっていると慢心してその道の勉強を怠っていれば古い間違った情報が更新されていない可能性があります。

　そういう意味では勉強していない先生も時代遅れになっていることが十分あるのです。

3. ページ内容はストーリーを重視

　このことを考える時、私が常に思い出すのは学生時代に教科書で読んだ「批判的精神」という文章です。

　調べてみると作者は岩崎武雄氏で中学3年生の国語の教科書（光村図書）に昭和56年から昭和61年まで掲載されていたようです。

（今ですと『正しく考えるために』（岩崎武雄）という本に同じ内容が書いてあるようです）

　内容としては

　「正しく考えて正しい判断を下すことができれば、われわれはいろいろの事態に遭遇した場合に、適切な行動を取ることが出来ます。」

　ということが書いてあり、そのためには

・権威に対する妄信を持たない。権威を無批判に信じ込まない。
・自己に対する妄信を持たない。謙虚さを持つ。
・常識に対する妄信を持たない。常識を疑う。

　ことが大切だと書いてあります。

　まさにプロが言っているからと無批判に信じ込まず、自分で考えたとしても謙虚さを持ち、一般的にそういわれているから間違いないという常識を疑えば正しく考えて正しい判断ができるということですね。

「わらしべ長者」は物々交換なので持っているものがどんどん変わっていきます。

　途中で判断を間違えると長者ではなく、貧乏人に戻る可能性もあります。

「ヒアリングわらしべ長者」のいいところは知識は交換しても減ることはないということです。交換する度に知識は増えていくのです。時には正反対の意見を聞くこともあります。その場合、自身が既に抽象化が出来ている場合はどちらが正しいかの判断はつきます。逆につかない場合はまだ抽象化が出来ていないので別な人に意見を率直に聞くという手段が取れます。失敗の可能性は限りなく低いのが物々交換の「わらしべ長者」と違うところです。

　ですから失敗を恐れずに大いに「ヒアリングわらしべ長者」を行いましょう。

4. 商品・サービス企画者と ホームページ作成者

■企画者はホームページ作成者に最適

　先ほどストーリーのことに言及しましたので気づいた方もいるかもしれません。

　ホームページのプロデューサーとしては企画者が最適なのです。

　企画者は研究者と同じプロセスで商品・サービスを企画しているからです。

　ですから実際に企業に企画者がいない会社が結構あることに驚きます。

　企画者というのはどういう人かというと、その企業の全体、もしくは扱う種類の多い会社の場合はその中の一つの商品グループについて、販売全体を見渡すことが出来、その会社のその商品の将来について常に考えている人です。

　その商品についてその人に聞けば、

・業界
　　そもそも商品はどう生まれたか。
　　どのような業界にどのように売れているか。

・商品の歴史
　　なぜ、自社でその商品を作り（扱い）始めたか。

・競合商品のコンセプト
　　競合には現在どのような会社があって、それぞれの特徴
　　はどうなっているか。

・自社商品の位置づけ（ブランド）
　　その商品の業界の中での自社商品の立ち位置（お客様か
　　らみた印象）はどうなっているか。

・自社ラインナップ
　　現在どのような商品・サービス展開になっているか。

・自社の営業スタイル
　　どのような業界のお客様にどのように販売しているか。

・将来の展開

が分かります。
自社にそのような人はいますか？

4. 商品・サービス企画者とホームページ作成者

　そのような人であれば、先ほどのストーリーはそれほど苦にせず作成してくれるはずです。

　実際、営業マンでこれらの知識を持っている人がいればそれで十分ですが、日々の営業のノルマに追われる中で業界や自社商品の知識を体系だって理解している人は少数派でしょう。
　営業マンすべてにこれらの知識を持ってもらおうと教育することは難しいのですが、ホームページなら自分が書けばいいだけですから問題ないはずです。
　また、お客様の方がその商品に関して詳しいことも多いので、この辺りの話がホームページに書いてあれば営業マンより理解は早いです。
　なぜ詳しいのかは簡単に分かります。

　お客様は複数の競合他社の営業から話を聞いているからです。
　先ほどの「ヒアリングわらしべ長者」を思い出してください。

　ここまでの内容がホームページに書いてあればお客様の信頼が増すことは間違いないです。

■企画者の重要性

　前に営業には「新規売り」と「リピート売り」があると書きましたが、営業マンは基本的に売ることしか考えていません。

基本編

「新規売り」されて使っているうちに問題があって、二度は買ってもらえない商品というのは「商品力」のない商品と言えましょう。

営業力で売ることは出来ても、トラブルがあったり、商品を使った際のバラ色のイメージと実際に使ってみた際のイメージが違っていたりしたはずで、お客様の印象はおそらく最悪なものとなっています。

印象としては「詐欺」にあったようなものです。

営業マンがその商品を買った良い未来ばかり想像させるので買ってしまったが、いざ使ってみればそんな未来は幻だったということです。

それを防ぐためには「商品力」が必要です。

これを考えるのが「企画者」です。

あえて簡単に言えば、「その商品でないといけない理由」がある商品は商品力が強いと言えます。

そして、その理由が

・多数あればあるほど。
・多くの人や会社に当てはまれば当てはまるほど。
・その商品が簡単に他社にまねが出来なければできないほど。

より商品力が強いと言えます。

そのような商品を考えるためには前述の知識が必要だという

4. 商品・サービス企画者とホームページ作成者

ことがお分かりでしょうか。

　そして、これらのその商品の商品力をより多くの人に知ってもらうためにはホームページが最適だということが改めて分かると思います。

　営業マンを何人も雇うより、企画者を一人育てるほうが大事ということも分かりますね。

　直販している会社にはもちろん、代理店販売の場合はよりお客様との距離が遠くなるので必要になります。

　その商品のことなら何でも知っている生き字引的存在であり、お客様や営業・開発、競合他社とも話すことがあり、さらにそのためのコミュニケーション能力はある程度もっています。
　常に新しい情報を手に入れて獲得済みの情報を更新する必要がありますので他の職種と兼業するのはなかなか難しいです。

　性格的には「面倒くさがり屋」（せっかち）で「批判的精神の持ち主」が向いているようです。
　やはり面倒ごとを解消しようと発明（企画）しますし、皆が信じている常識を疑うところに新商品の種は隠れています。

　自分の会社にいない場合は是非企画者を作ることを検討しましょう。

基本編

5. ページの書き方

■一つの単語にも気を使う

　まず気を付けるのは名詞の使い方です。名詞には一般名詞と
固有名詞があります。

　固有名詞というのは、そのものを知っていないと使わない言
葉です。

　ですから、ホームページで重要なのは「一般名詞」です。

　固有名詞を強調するのはやめましょう。

　商品に「○○○○○ゼット」などカッコいい（？）名前を付
けて、それをページタイトルにしていることがあるかもしれま
せんが、極端な話、それだと「○○○○○ゼット」を知ってい
る人しか検索でアクセスできません。

　ですから固有名詞の「○○○○○ゼット」だけでは新規客は
獲得できないわけです。

　次に IME（インプットメソッドエディタ、昔 MS-DOS では
日本語入力 FEP〈フロントエンドプロセッサ〉とも言われた
もの）にも気を使いましょう。

　例えば、「攪拌」という言葉は難しいので「撹拌」や「かく拌」
を使ってホームページを書いたほうがよいと思いがちです。と

ころが、昔は「攪拌」の方が「撹拌」より検索数が多かったのです。Google トレンドで調査すると 2012 年の 7 月あたりを境に検索数が逆転しています。

　昔は Windows で「かくはん」で変換すると「攪拌」が最初に変換されていたのは間違いありませんが、今は「撹拌」になっているかもしれません。

　このことは二つのことを示唆しています。

・同じ意味の単語がある場合、簡単な漢字の方が検索されているとは限らない。
・年月が経つにつれて、検索のトレンドは変わってくる。

　一つ一つの単語にも気を付けた方がよいということが分かります。

➡ Google トレンドについて

　キーワードがどのくらい検索されているかを比較できるグーグルが提供しているツール

　複数の単語を入れて検索数を比較することが出来ます。
　期間も設定できるので、過去と比較することも出来ます。

基本編

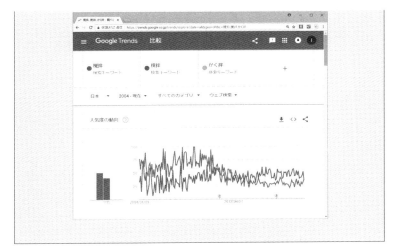

　最近は少なくなってきたと思いますが、専門用語すぎて辞書に入っておらず変換できない単語があります。
　こういう単語も使う場合はかならず別の言葉も並列に書いておくなどして気を使うようにしましょう。

「モーター」と「モータ」とどっちがいい？
　これもメーカーでは一度は必ず論争になります。
　これは話し合いの時間は無駄です。
　Google トレンドに聞きましょう。

　昔、大学（工学部）で先生が「こういう単語は伸ばさない」とおっしゃっていたのを覚えています。
　元々 JIS では「3 音以上の場合は語尾に長音符号を付けない」となっていたようです。

5. ページの書き方

　そのせいかどうかは分かりませんが、総じて「伸ばさない」会社が多いです。

　平成 3 年の内閣告示で

http://www.mext.go.jp/b_menu/hakusho/nc/
k19910628002/k19910628002.html

　　長音は、原則として長音符号「ー」を用いて書く。

となっていて、JIS もその後変更されたようです。

http://kikakurui.com/z8/Z8301-2011-01.html

　　G.6.2.2 英語の語尾に対応する長音符号の扱い英語の語尾に対応する長音符号の扱いは、通常、次による。なお、英語の語末の -er、-or、-ar などは、ア列の長音とし、長音符号を用いて表すものに当たるとみなす。

どちらにしても、多く検索している人に従うのが一番です。

■類義語をどう扱うか

　例えば「工業用○○○○」という商品があった場合に「産業用○○○○」という言い方もするとします。

　その場合、どちらの単語でも検索にマッチしてほしいので「工

業用〇〇〇〇（産業用〇〇〇〇）」と書けばどちらにも対応できます。

　しかし、「工業用（産業用）〇〇〇〇」や「工業用・産業用〇〇〇〇」といういい方はダメなのかどうかです。

　その場合、現在の Google では確認することができます。「工業用〇〇〇〇」と入れて、検索結果のサイト説明文（スニペット）の部分を確認します。

　検索単語が太文字で強調されていると思いますが、その時「工業」「用」「〇〇〇〇」のようにバラバラに強調されている文章が見つかった場合は検索単語「工業用〇〇〇〇」が「工業」「用」「〇〇〇〇」とどのように分かち書きされているかが分かります。

　もし、ここで「工業用〇〇〇〇」と全く分かち書きされていないことが分かった場合は「工業用〇〇〇〇（産業用〇〇〇〇）」のように書かないと検索エンジンには認識してもらえないことが分かります。

■HTML の定義に沿った書き方になっているか？

　HTML とは Hyper Text Markup Language の略でウェブページを作るための言語の一つです。

　HTML タグという＜　＞で囲まれたタグを使って構成されたテキストの文章になります。

　決まった文法に則って記述され、タグにはそれぞれ意味が持たせてあります。

5. ページの書き方

　<H1><H2><H3> などの H タグは見出しタグと言われ、見出しを表します。
　数字が小さいほど大きな見出しを意味します。

　ここで自分で作成したもしくは業者に作成してもらったページを見てください。
　通常、HTML で作成されたウェブページはブラウザソフト（Internet Explorer〈インターネットエクスプローラー〉や Firefox など）を使ってみることが出来ます。
　ブラウザの表示されたページの上で図やテキストなどが何もないところで右クリックすると、「ページのソースを表示」などというメニューが現れます。
　それをもう一度右クリックするとそのページのソースが表示されます。これが HTML で書かれたソースです。

　初めてみる人はアルファベットが多くてめまいがするかもしれませんが、<H1> というタグを探してください。<h1> と小文字になっているかもしれません。

　<H1> ○○○○○とは </H1>
　などと文字列を H1 タグで囲ってあると思います。

　だいたい一つのページに一つは存在しているはずです。

　見つけたら、他のページに行って下さい。同じくソースを表

- 76 -

基本編

示してみましょう。

同様に <H1> を探してください。

先ほどの文字列と同じということはないでしょうか？

全部のページが同じ言葉を使った H1 になっていたりしませんか？

これはどういうことかというと、検索エンジンから見ても、人から見ても、すべてのページが同じ大見出しでできていることになります。

大体この間違いをしている場合、<H1> 会社名 </H1> となっている場合は多いのです。

これだとすべてのページが「会社名」をテーマに書いた不思議なサイトということになります。

確かにそのホームページは大きく言えば会社を紹介したサイトに変わりはないですが、すべてのページのテーマがその会社ということはないでしょう。商品の紹介ページはその商品がテーマです。その会社名がテーマになるとしたら、それは「トップページ」「会社案内」のページぐらいでしょう。

また、文法が間違っていることもあります。

・定義されていないタグを使用
・タグの始まりと終わりが正しい入れ子になっていない

ブラウザが賢くなって少々のことでは破たんしないように

5. ページの書き方

なってきているからでしょうか。

　いずれにしても HTML を読み込むブラウザにとっても、検索エンジンにとっても文法に沿って解読するのに文法違反があれば、解読しにくくなります。表示が乱れたり、検索エンジンに情報を拾ってもらえないこともあります。

　HTMLの文法に沿って、正しく記述するようにしてください。

■よくある A タグと H タグの間違った使い方

　A タグというタグがありますが、これは「リンク先にこの内容」の説明を書いてます。

　つまり、

```
<a href="/xxxxx/xxxxxx.html"> ○○○○マシーン </a>
```

と書いてある場合、

```
「○○○○マシーン」はこのページでなく、
/xxxxx/xxxxxx.html のページに書いてありますよ。
```

ということを意味します。

　こういうタグの使い方をしているページにたまに出会います。

```
<h1><a href="/xxxxx/xxxxxx.html"> ○○○○マシーン </a></h1>
<a href="/xxxxx/xxxxxx.html"><h1> ○○○○マシーン </h1></a>
```

　これは一体どういう意味なのでしょうか？

　Ｈタグは見出しなので、「この見出しの後ろに書いてある内容を見出し」として書いてあります。
　つまり、
　○○○○マシーン
　が見出しなので、この後に「○○○○マシーン」の説明が続くと思います。

　しかし、Ａタグで囲っています。
　つまり、
　○○○○マシーン
　は
　/xxxxx/xxxxxx.html
　に説明を書いています、という意味です。

「一体、どっちやねん！」と検索エンジンでなくても突っ込みたくなります。

5. ページの書き方

■企業ロゴのリンクの間違い

セミナーを行った時に多くの会社に共通する間違いがあります。

それは

```
<h1><a href="/"> 企業名 </a></h1>
<h1><a href="/"><img src="/images/xxxxx.gif"></a></h1>
（画像は企業のロゴ）
```

を左上隅に表示されるようにしているパターンです。

このタグはすべてのページで埋め込まれています。
これだと、すべてのページが「企業名」がテーマのページになってしまいます。
Aタグとtタグのおかしさは先ほど書いた通りで、「その企業の内容はリンク先のトップページにあるよ」となっています。つまり見出しになっていません。

なぜ、このようなページが多いのかと思っていましたら、どうやらこういう書き方を推奨しているホームページ作成方法の本があることをあるお客様から教えていただきました。
まさに「批判的精神」ではないですが、ホームページ作成に関しても一冊の本の内容だけをうのみにしない方がよいという

ことが分かります。

　自分が作成したホームページはそうなっていませんでしょうか。

■初期状態で隠れているコンテンツ（文章）表示方法は使用しない

　ページの内容（文章）のことをコンテンツとも呼びます。
　ページを開いた初期状態では展開用のボタンを押さないと表示されなかったり、同一ページなのにタブを押さないと表示されなかったりするコンテンツがあります。
　見た目はすっきりしているのですが問題があります。
　隠れている場所にある言葉も検索エンジンには拾われます。
　スタイルシートを使って隠されている場合、ページのテキストとしては存在しているからです。

　拾われない場合はそもそも書いている意味がないのでダメですが、もし検索でマッチしてそのページに飛んだとしても、最初は展開ボタンを押していない（タブをおしていない）状態なので表示されることはありません。
　つまり、検索結果からそのページに飛んでも閲覧者には最初見つけることが出来ません。

　なぜ検索単語が含まれないのかとイライラしますし、探す手間が増えます。

5. ページの書き方

　印象が悪いですね。

　出来るだけ、展開型の表示方法や同一ページ内のタブは使わないようにしましょう。

■どこへも行けないページは作らない

　他にも作ってはいけないページ、出来るだけ作らない方がよいものがあります。

　・ポップアップでコンテンツのみが表示されるページ
　・メニューの一切ないページ
　・PDF へのリンク

　ポップアップで表示されるのは一見メニューがなくて見やすくていいと思われるかもしれません。
　しかし、検索エンジンに拾われてしまうと検索結果に表示されることになります。
　その状態でクリックされると、そのページだけが表示されます。
　ポップアップなのでメニューがなかったり、連絡先がなかったりするはずです。
　そうすると、もしこの内容が気に入ってコンタクトを取ろうと思った人はどうするでしょうか？
　ある程度熟練者であれば、URL をコピーして一つ上のディ

レクトリにアクセスしたり、トップページにアクセスすること
は出来るでしょうが、そういう知識のない方は問い合わせをあ
きらめるしかありません。

　メニューの全くないページも同様です。
　検索結果からアクセスされてもどこへも行けませんので他の
ページを見てもらうことが出来ません。

　PDFへのリンクはPDFをHTMLに置き換えるのが面倒な
ので設定しがちです。
　数字が羅列された仕様のみのページばかりなら問題はないの
ですが、技術論文だったり、パンフレットなどの場合は重要な
単語が多数ある可能性があります。
　そのような場合は必ずHTMLに置き換えるようにしましょう。
理由は先ほどのページと同じです。
　通常のPDFからはホームページに飛べません。問い合わせ
先も書いていない場合、連絡することも出来ません。PDFで
もウェブ用のリンクを作っていれば飛ぶことは出来ますが、そ
こまでするならHTMLで作ることをお勧めします。

■ description や keywords に対して

　ページにはメタタグというものを入れることが出来ます。
　下はdescriptionに関するものです。

5. ページの書き方

```
<meta name="description" content=" ページの要約をこ
ちらに書きます。">
```

　Google はメタタグの keywords はサポートしていません。
以下の URL に書いてあります。(2018 年 5 月)

```
https://support.google.com/webmasters/answer/79812
```

　description に関してはサポートしているので書けば使用さ
れるはずです。
　しかし現在（2018 年）、検索結果に表示されるページの要
約部分（スニペット）は Google が検索単語がそのページに現
れている部分をうまく抜き出して勝手に作成しています。
　その文章もそのページの内容が端的に分かるように作ら
れているはずですので、下手に自分で固定された説明書き
（description）を設定せずに Google に任せておいた方が探し
ている人にとってマッチする可能性は高いと考えられます。そ
のため、あえて書く必要はないと言えます。
　トップページなどで勝手に作成された文章にされたくない場
合に書くのは自由ですが、その description が採用されないと
結局勝手に作成された文章が表示されますので、たまに表示さ

基本編

れるぐらいでも構わないと割り切れれば書いても構わないで
しょう。

■ Wikipedia はお手本

セミナーをするとよく聞かれるのが
「何か見本になるようなサイトやページはありませんか？」
です。

そんな時にいつも薦めるのは Wikipedia です。

何か単語を検索したときに上位に Wikipedia がいつも来る
という経験はありませんか。

Wikipedia はそのページ構造からして、今の検索エンジンの
アルゴリズムでは上位に来やすくなっています。

HTML（Hyper Text Markup Language）とは、名前の通り、
ハイパーテキストという複数の文書を相互に関連付けるリンク
を文章に組み込める文書（仕組み）のことです。

Wikipedia はその見本のようなページになっていて、文章に
存在している単語の多くはその単語を説明した別のページへの
リンクとなっています。

5. ページの書き方

　通常のホームページに比べると文章中のかなりの単語にリンクがついています。

　Wikipedia 自体が辞典なので当然なのですが、Wikipedia 自体に存在している単語のページにリンクがつくと通常のサイトに比べて内部リンクが多くなります。

　ここまで単語にリンクを張るのは通常のサイトの場合は無理だと思いますが、専門用語には必ず、そうでない単語でも一般的な使い方でない場合はその単語を説明するページを設け、そこにリンクを張ると少しでも Wikipedia に近づけます。

　是非、試してみましょう。

6. リンク構造に関して

■リンクについて

HTML は文のある部分に対して、リンクを張って別の文章に移動できることが特徴です。

それにより閲覧者は分からないことがあっても、その先のページで知ることが可能になります。

つまり、紙の本では脚注などを使って説明していることをリンクによって実現しているわけです。

脚注を使うのは本文中に説明を加えると文章が分断されて分かりにくくなるので、そうならないようページの下部や左端に注記を加えているわけです。

紙に書かれた文章と比べて、HTML で書かれた文章の場合、リンク先は新たなページになるので説明の余白を気にする必要がありません。

英語の単語を英英辞書で調べるとその説明の中の英単語が分からず、さらにその単語を調べる。その単語の説明の中にさらに分からない単語があった場合に……というように辞書引き地獄に陥ることがあります。これを「英英辞典の輪廻」と言っていたのは私の高校時代の塾の英語の先生でした。

HTML でもこれと同じことが起こりえます。実際、何かを

6. リンク構造に関して

調べているうちにページがリンクを辿ったり、検索をしたりして、どんどん別のページに移り、最終的に「何調べてたんだっけ？」というまさしく「HTMLの輪廻」に陥る人は多いのではないでしょうか。

　自分でページを作成する場合に閲覧者が「HTMLの輪廻」で外部ページへ行ってしまうと帰ってこなくなる可能性を考える必要があります。

　分からない単語が存在した場合に、Googleなどの検索エンジンで検索されてしまうと全く別のページに行ってしまう可能性もあります。それが競合のページで分かりやすかった場合にはもう戻ってこないでしょう。

　会社のページでは外部にリンクを張らず、出来るだけ自社で説明するページを設けるべきです。それが用語説明になっていたり、事例紹介になっていればよいわけです。

　それは検索させないということだけでなく、そのページが新たなランディングページ（検索エンジンで検索されてアクセスされるページ）になる可能性があるからです。先にWikipediaの箇所でも説明した通り、用語説明ページの重要性を分かっていただけたでしょうか。

■リンク構造の重要性

　分からないことを辿れるようにリンクを張る重要性もさることながら、文章を読みながらスムーズにリンクをクリックして

もらえるかはさらに重要です。分からないと読むのをあきらめて、別のページを探し始める可能性もあります。

　分かっている人が自分でページを作る場合、分かりきっているので説明のためのリンクは適当になりがちです。

　トップページを見れば、リンクにどれだけ気を使っているページかはすぐに分かります。

　商品名が写真と共に並べられているだけで全く説明のないページは多いのです。

　これはその商品を知らない人にとってはどれを選べばよいか分からないという意味で不親切です。

　トップページから一回クリックして入った商品（サービス）紹介トップページはもっと重要です。

　全く違うものならまだしも素人には違いが分からない商品が型番と写真のみでリンクを張ってあったりします。
「これとこれはどう違うのですか？」と私が尋ねても「どう違うのでしょうね？」と逆に尋ねられたりすることもあります。
販促担当者、ホームページ作成担当者が分からないものをどうして閲覧者は分かるのでしょうか。

　このような場合、クリックしてみてページを見て違っていたら「戻る」、また別のリンクをクリックしてページを見て違っていたら「戻る」を繰り返すことになります。

　何回も続けばイライラしてくることは間違いありません。
「もう、いいわ」と他のサイトに行ってしまうこともあるでしょう。

6. リンク構造に関して

　それを防ぐにはどうすればよいか。

　それらの商品ごとの違いが分かるような説明文を加えればいいのです。

　それぞれの商品の特長が分かる説明と共に写真や商品名（できれば一般名詞）があればもっと良いでしょう。

■リンクの張り方

　トップページからリンクを張っていきますが、新規客向けのページは出来るだけ少ないクリックでアクセスできるようにしましょう。

　新規客向けということは検索エンジンからのアクセスを見込むページということになりますが、そのようなページは重要度の高いトップページから近いところに置くべきです。

　逆に既存客向けのページで型番や商品名（固有名詞）でアクセスされるページは少々クリック回数が多くても問題はありません。他に競合するページがないので放っておいても上位に表示されるからです。その場合でも、もちろん人間が見た場合に迷わずクリックしていけるデザインにする必要はあります。

　基本的に木構造でページはリンクされます。

　トップページが根元で葉っぱに当たる部分が商品ページ、サポートページになります。

　途中のページはその商品ページに行くための案内ページとなります。

基本編

　その場合、複数の案内ページから一つの商品ページに行くことになってももちろん構いません。

　そのようなリンクの張り方をするといわゆる木構造ではなくなりますが問題ありません。

　よくマッチしてほしい商品ページに関しては特に様々なページで言及してリンクを張るとよいです。

　それだけリンクされているということはそのページが重要だということを意味しています。

　それはまさに Google のアルゴリズムです。

7. サイト全般に関して

■サイト内検索でのサイト改良方法

　自分で検索エンジンを実装しなくても、Google や Yahoo! などの検索エンジンもサイト内のページだけを検索する機能を提供しています。

　一つ気を付けるべき点は有料であれ、無料であれ、広告が表示されないものを選択すべきです。
　せっかく、自分のホームページに来てもらったのに、広告でライバルサイトが表示されてお客様が流出するのは非常にもったいないからです。

　自分で検索エンジンをウェブサーバーに実装したり、業者に頼む場合は「オープンソース 検索エンジン」などで探してみるとよいでしょう。様々なものがあります。

　自分で検索エンジンを実装する場合にサイト内検索をサイト改良に役立てる方法があります。
　それは収集した文書から、A タグで囲まれる単語を除くということです。

HTML の定義からも A タグで囲まれる単語はその先のリンクを説明している単語になりますので、その文書のテーマとは少し外れるはずです。

　それで実装した検索エンジンである単語を検索した場合、検索結果に含まれるページはその単語が含まれ、A タグで囲まれていないことになります。

　究極を考えると、ある単語で検索した場合に一ページだけが検索結果に現れるようにすればよいことになります。

　よって検索結果から、その単語を重点的に説明しているページを一つだけ残し、他のページが検索結果に現れる場合にはそのページに存在する単語はすべて、一つだけ残したページにリンクを張るようにすればよいです。

　それを続けていくと、一単語一ページのサイトが出来上がります。

　まさに Wikipedia と同等なサイトになります。

■ブランド別サイト

　企業ではブランドごとに名前を変えて、全く別のイメージで商品を販売することがあります。

　そのため、ブランドごとにサイトを分けている企業を見かけます。

　それ自体は特に問題はないのですが、もともと一つだったサイトを分ける時に気を付けることがあります。

　別のホスト名に分ける予定のページが他のサイトのページか

7. サイト全般に関して

らリンクされている場合、変更してしまうとそこから辿ってきた人が見つけられなくて困ってしまうということです。そのため、リダイレクトで新しい URL にジャンプさせたり、できるだけリンク元のサイトに連絡をとって、リンク先を変更してもらうことが必要になります。

　また、サイト内検索も通常は一つのサイトの中を検索するものなのでブランドごとにサイト内検索をつける必要があります。

　サイトを横断して検索できるようにしても構いませんが、その場合はブランドごとにサイトのイメージを変えているでしょうから、閲覧者から見ておかしく見えないかをよく検討した方がよいでしょう。

■ブログや CMS の使用

「ブログや CMS をホームページに使うのはどうですか？」
　と聞かれることがよくあります。

　メリットとしては
　・HTML の知識がなくても簡単にホームページが作成できる。
　・簡単にある程度の機能をもったホームページを構築できる。
　・標準で持っている機能もあれば、プラグインという形で追加できるものもある。
　　（サイト内検索やお問い合わせフォームなど）

　があげられますが、一番の問題はそのシステムが将来的にメ

ンテナンスを続けてもらえるのかという点に尽きます。

　IT の世界は変化が速いので、５年ごとぐらいでホームペー
ジ全体を更新するつもりでいるなら、そこはあまり考える必要
はなくなりますが、システムごと変更となるとまとまった費用
を考えておく必要があります。

　デメリットとしては
・そのブログや CMS によっては出来ることが非常に制限さ
　れてしまう。
・システムがバージョンアップするのでメンテナンスになん
　らかの費用がかかる。セキュリティの問題があるので常に
　最新版を保つ必要がある。自動アップデート機能があるも
　のもある。
・簡単とは言っても多少操作方法を覚える必要があるが、そ
　の知識は他では通用しない知識である。
・そのシステムがメンテナンスを終了した場合に他のシステ
　ムに移る必要があるが、その際スムーズにコンテンツの移
　行ができない場合がある。

　CMS のプログラム自体を変更できるスキルのある人にとっ
てはそれほど問題はありませんが、ページの内容、特にリンク
構造やレイアウトをいろいろ変えて試してみたいと思うような
人は使用しない方がいいでしょう。

7. サイト全般に関して

　ホームページ担当は専任でいた方がよいので、HTMLや
FTP、ウェブサーバーに対する知識も多少つけたほうがよく、
その上で自分でCMSを使うのか、使わないのか判断できるの
が最もよいでしょう。

➡ CMS ＝ コンテンツマネージメントシステム

　HTMLやCSS（カスケーディングスタイルシート）が分
からない人でも、ホームページのコンテンツを管理・更新
できるシステムのこと。
　どこのディレクトリのそれらのファイルを置くかを考え
ることも不要で、FTPなどファイルの転送に関する知識な
ども不要なシステム。
　ブログはCMSの一種と考えることもできる。

■英語など日本語以外の言語

「別言語だと作成の方法は違いますか？」とよく聞かれます。
　考え方は基本的に一緒です。
　この本に書かれていることは日本語に特化したことではあり
ません。
　もし、海外でも同じ商品・サービス展開をするならファイル
やディレクトリなども同じ構造・同じ名前で作成することをお

基本編

勧めします。

　そうすれば、対応ページ間を移動できるリンクを JavaScript で作成するだけで複数の言語を行き来することが出来ます。

　国外に住んでいる日本語を扱える人が日本語ページから問い合わせしようとすると郵便番号や住所のチェックで引っかかって回避するために**無理やりな住所**を入れざるをえない場合があります。これも言語間を移動できるリンクで回避できます。

➡ 無理やりな住所

郵便番号で自動で都道府県が入り、さらに都道府県を入れないと送信できないようなフォームの場合、
　北海道 xxxxx xxxxxx xxxxxx, Germany
のようにいれざるをえないことがある。

■ SSL について

　SSL は Secure Sockets Layer の略でインターネット上で通信を暗号化する仕組み（通信方式、プロトコル）のことです。

　クレジットカード情報などのような重要なデータを暗号化してクライアント（自分）とサーバー間の通信を見られないようにするものです。

　ブラウザでインターネット上にあるページを閲覧する場合、

7. サイト全般に関して

上の URL で https:// で始まっていれば途中の通信が SSL により暗号化をされていることが分かります。
　今まで SSL のメリットは二つありました。

・通信経路が暗号化される。
・実在証明をしてもらうことが出来る。

　SSL を使うには証明書を発行してもらう必要があります。
　実在証明とはそのサイトの運営者が実在していることを第三者機関（証明書の発行者）に証明してもらうことです。

　ただし、暗号化が本当に必要な問い合わせの時に入力内容確認ということで個人情報がメールで送信されることがよくあると思います。
　そのメール自体は暗号化されていません。
　そのため、実在証明以外で SSL を使うことは確認メールに個人情報を記載するならば意味がないことになります。
　問い合わせフォームは確かに暗号化されているので、ウェブサーバーまでの個人情報は暗号化されていますが、メールを送った時点で見え見えです。まさに頭隠して尻隠さず状態です。

　しかし、Google が SSL 化されたページと通常ページの両方が同じぐらい評価されるページであった場合、ランキングで SSL 化されたページを優遇すると発表しました。
　ですから、本来の暗号化の目的とは違う理由ですが、現時点

で少しでも順位を上げたいなら SSL 化はすべきです。

■会員制について

たまにログイン制にして一部の人にしか閲覧できないページを作りたいと言われることがあります。
目的は、

・競合にダウンロードさせたくない資料がある。
・重要な情報なので個人情報と引き換えに渡したい。

などです。

結論からいうとお勧めできません。

ID、パスワードの管理というのは煩わしいものです。
amazon や楽天などの買い物サイトであれば、何でも買えるという利便性がまさるので管理してもらえますが、一企業サイトのせいぜい月 1 回とかしか利用しない、もしくは一回利用すれば終わりの可能性もある情報のために ID とパスワードを設定・管理するのは苦痛でしかありません。

ログイン制をとっても自宅の住所や個人名を使われたり、嘘の情報を入れられる可能性もありますので、競合排除は完全には不可能です。

7. サイト全般に関して

　個人情報記入の後にダウンロードできるようにすればログイン制と同じ状況になりますので、それをお勧めします。その個人情報を**クッキー**[※]で記憶するようにすれば再度ダウンロードしたくなった時にも再入力しなくてすむので便利です。

➡ クッキー

ウェブサーバーからブラウザの間に送られる情報でブラウザを開いているパソコンに一定期間保存されるもの。再度アクセスした際にサーバー側でそのブラウザを識別できるようにする仕組み。

8. 基本編まとめ

■彼を知り己を知れば

ここまでのことをまとめると以下の三点に集約されます。

・検索する人のことを考える。
・検索エンジンの特徴を捉える。
・自社の強みを見直す。

　相手（検索者と検索エンジン）の検索の仕方やランキングのアルゴリズムを知ること。
　自分のホームページを作成するために発信したい内容に関して精査すること。
　が重要であることが今までの説明で理解できたことでしょう。

「孫子の兵法」は中国春秋時代の武将・軍事思想家である「孫武」が記したとされる有名な兵法書です。

　相手を知り、自分を知るというのは
「彼を知り己を知れば百戦して危うからず」
　という孫子の兵法の一節そのままです。

上級編

1. ホームページの改良方法
2. 二種類ある修正方法
3. どんな検索単語が最適か？
4. テーマは統一されてますか？
5. ホームページ作成に必要なこと
6. 引き合いですべてが始まる
7. 引き合いに対するフォロー
8. 商品企画への活かし方
9. ブランディングについて
10. コンサルティングという仕事
11. 上級編まとめ

1. ホームページの改良方法

■「ホームページを改良しなさい」と言われた時

　もし、あなたが会社でホームページの担当をしていたり、もしくは営業や開発など別の仕事をしている時に上司に「ホームページの改良をしてください」と言われた場合、まず何を考えるでしょうか？

　ホームページの改良には２パターン存在します。
　文章を編集する時と同じことですが、文章では

・文章を増やすこと、文章を減らすこと。
・文章の内容自体を変更すること。

です。ホームページでは

・ページを増やすこと、ページを減らすこと。
・ページの内容を変更すること。

になります。

上級編

　本を執筆する場合、執筆している人が文章を増やす、減らすは本人の自由です。

　だからといって、ホームページで同じことをしても、それは自己満足にしかなりません。
　ブログやSNS（ソーシャルネットワーキングサービス）のような言いたいことを書くだけのページならそれで構わないと思います。
　それが好きなファンがつけばそれでよし、つかなければ孤高の人になるだけです。

　アクセス数を増やすためにはアクセス数を増やすためのページの増やし方、減らし方があります。

　内容を変更するのも同じことです。本の場合、
「この部分、同じことを言っているから言い換えよう」
「もっと詳しく書いたほうがいいな」
「この話をするなら、もう一つこの話もしておこう」
　など自分の思うように変更していけばいいですが、ホームページの場合はアクセス数を増やすための変更の仕方があります。

　変更すると決めた場合に、本だと好きに変更できる分、どのように変更しようか悩んでしまいますが、ホームページの場合は悩む必要が少ないのです。

1. ホームページの改良方法

　少年漫画雑誌の読者アンケートの人気投票でランキングを決めて掲載を継続する漫画を決めるという仕組みがありますが、ホームページの場合その読者アンケートと似た情報を得ることが出来るのです。

　上級編ではそのことに言及しましょう。

上級編

2. 二種類ある修正方法

■入口と中身

さて、唐突ですが分かりやすくするために譬えを使います。
あなたがラーメン屋を始めることを考えてください。

　まず、何を考えるでしょうか。
　もちろん、ラーメンの内容がありますね。
　豚骨なのか、醤油なのか、味噌なのか、また具は何をいれる
のか、特別なチャーシューを作るのか……

　さらには何を考えますか？
　店の立地ですね。
　立地とデザインは密接に関係します。
　訪問客のターゲットに合わせて、外装や内装どのようなタイ
プにしようか考えると思います。ファミリーが多い場所なら、
ファミレス的な誰でも入りやすいものが良いかもしれません。
そうでなく、繁華街の中心部ならカウンターだけで良いかもし
れません。

　ホームページも同じように考えます。

- 107 -

2. 二種類ある修正方法

内容（コンテンツ）としてはどんなものを製造しているのか、販売しているのか、どこにこだわりがあるのかということになります。

次に立地を考えます。

どのような人がどのような検索単語やリンクでアクセスしてくるかを予想します。

つまり、このコンテンツにはどのような検索単語が最適なのかを考えます。

また、現状アクセスがある場合にどのような検索単語でアクセスされているかが分かれば、その順位は適正なものなのかどうかについて考えます。

そのホームページにアクセスされそうな単語全体の検索結果をみて、それぞれその順位で満足できるかどうかです。

どのような人がアクセスしてくるかによってデザインも変わってきます。

製造業のページなのに派手でオシャレなページを作った場合、「中身は本当に大丈夫なのか？」などと疑われることもあるでしょう。

例えば、Wikipedia のデザインはシンプルなので読みやすいですし、何も問題はありません。

言葉を調べたいという目的のために存在する Wikipedia と違って、商品やサービスを購入してもらいたい通常のホームページの場合はデザインにそれなりの重要性があります。

上級編

　ただし、細かいデザインの良し悪し・好き嫌いは主観が左右するので、本書ではその部分に関しては触れません。

　あくまでも想定している閲覧者によりますが、ターゲットとしている閲覧者が不快・不便に思わないようなものであればよいでしょう。

　ファッションのページだからといってデザインを優先しすぎると、どこをクリックしていいか分からないページとなって、見てほしいページまでたどり着けないという本末転倒なことになりかねません。最低限ユーザーインターフェースには気を遣う必要があります。

➡ ユーザーインターフェース

　コンピューターと人間が情報をやり取りする方式。人間はキーボードやマウスによって入力し、コンピューターはその内容に応じてテキストや画像によって結果を出力する。その画面や仕組みのこと。アプリケーションはユーザーインターフェースによって使いやすさが変わる。

■入口の作り方

だんだんこの本の核心部分に迫ってきます。

2. 二種類ある修正方法

　先ほど書いたように「よく検索されてアクセスされる単語」を見つけることが重要です。

　しかし、これがなかなか分からない。

　人はみな自分と同じように考えているとは限らないからです。

　特に製造・サービス提供・販売側が書く内容は顧客の立場になっていないことが多いです。

　メーカーの場合は本当に多いです。

　つまり、一言でいうと

「自社ではこんな製品を開発したぞ！　すごいから見て！」

　なのです。

　すみません。言いすぎましたか。多くの会社は正確に書くと自慢というよりは淡々と、

「自社ではこんな製品を開発しています。こんな製品もこんな製品もあります」

　ぐらいを書いています。

■中身の作り方

　ページが持つテーマが最適なものかどうかを考えます。

「このページは何を言いたいのか」このことを常に考えるように書いてください。

　ブログなどもそうなのですが、書きたいことをただ書いてい

ると最終的に自分は何が言いたかったのだろうとなることはよくあります。

　それは書きたいことを書いていくうちにテーマが複数含まれてぶれてしまっているからです。
「テーマがぶれていないか」に気を配りましょう。

　ラーメンの場合はまたすぐに食べたくなる味というのが理想だと思います。

　これはなかなか難しいと思いますが、ホームページの場合は「分かりやすいが問い合わせたくなるページ」が理想です。

　一見、矛盾したことを言っているように見えますが、補足すると「（何を言いたいかが）分かりやすく、（自分がしようとしていることがもしかしたら助けてもらえそうだから）問い合わせたくなるページ」という意味です。

　ラーメンの場合、付近にラーメン屋が多い場合、少ない場合、食事処が多い場合、少ない場合でいろいろメニューも考えられるでしょう。

　ホームページも検索で上位に出てくるページはライバルとなるので、調査が必要です。

　自分のページより上位に分かりやすくて親切なページがあれば、そちらで問い合わせをされてしまいます。

　そういう意味でもタイトルは重要です。

　私がコンサルティングする場合でもタイトルは最重要なもの

2. 二種類ある修正方法

の一つです。

　タイトルはほぼテーマと一致するように決める必要があります。

　常にタイトルと中身が違ってきていないか、考えながら文章を作成する必要があります。

　文章作成がのってきて中身が増えるのはいいことなのですが、テーマからずれた場合は分離して別ページにするか、やはりずれないように中身を戻すか、そこはよく考える必要があります。

上級編

3. どんな検索単語が最適か？

■考えなくても自動で分かる単語の見つけ方

では、どうやって「よく検索されてアクセスされる単語」を
見つけるかです。

現在、Google、Yahoo! からは参照元（リンクを辿ったり、
フォームボタンを押して飛んできた場合にその元のページのこ
と）の情報を取得できなくなったので、どのような検索単語で
来ているかが分からなくなっています。

ところが、Google に関しては、**サーチコンソール**[*] を使えば、
どの単語でどのページにどれくらいの順位で来ているかが分か
ります。

┌─────────────────────────────┐
│ **➡ サーチコンソール**
│
│　Google 検索結果でのサイトのパフォーマンスを監視、
│ 管理できる Google の無料サービス
│
│ ・ページの登録、削除
│ ・登録したサイトがどのような言葉で検索結果に表示され
│　 ているか。

- 113 -

3. どんな検索単語が最適か？

> ・どのサイトが登録したサイトにリンクしているか。
>
> などが出来たり、分かったりします。

　これを見ることは登録さえすれば誰でも出来ます。

　たくさん来ているとかあまり来ていないとかは分かりますがここからどのように改造すればよいでしょうか。

　主観的に「このキーワードは重要だからもっと上に来るべきだ」と判断して、そのキーワードを説明しているページの充実をはかりますか？

　やらないよりはやる方がいいのですが、現在の順位の周りのページを見てください。内容を増やすぐらいで上位にいけそうでしょうか。

　上位に来ているページが自分のサイトのページよりもリンクを集めていそうで、コンテンツも充実している場合、これを乗り越えるのはそう簡単ではありません。せっかくコンテンツを充実させても無駄に終わる可能性も高いのです。

　その場合に良い方法があります。

　孫子（孫武ではなく孫臏の方）の逸話に、強さが３段階のものをお互いに持っていて、３つとも少しずつ相手の方が強い場合、相手の１番にはこちらの３番を当て、相手の２番にこちらの１番、相手の３番にこちらの２番を当てれば、結果的には２勝１敗となるという話があります。

　最小の労力で最大の成果を出す方法です。

上級編

➡ 孫臏（ピン）と田忌の騎射の話

　孫臏は中国戦国時代の斉の軍師、思想家で、斉の将軍田忌の客となっていたときの話。

　ある時、田忌が騎射の競争をしているのを孫臏も見物に行きました。

　四頭立ての馬車で射を競うものだったようです。

　競争は三回勝負であり、四頭立ての馬車に使う馬の速さはそれぞれの馬車で揃っていました。

（揃わないとまともに走れないため）

　三組の馬車は自然に速い（上）の、中ぐらいの、遅い（下）のに分かれます。

　孫臏が観察しているとどの人の保有する馬車も同じぐらいの実力に見えました。

　そこで、田忌に競争に勝てるように提案します。

「相手の上の馬車に下の馬車を当て、中の馬車に上の馬車を、下の馬車に中の馬車を当てましょう。」

　これにより、田忌は三回勝負で二勝一敗となり勝利を得ることができました。

　これと同じ考え方をします。相手の強いところに無理に競っていく必要はなく、相手の弱いページに少し強いページを当てればよいわけです。

　その方法の一つがこれから述べる方法です。

3. どんな検索単語が最適か?

■順位は低いがアクセスのある単語

　激しく争わないために重要なのは
「順位は低いがアクセスのある単語※」
　を探すことです。
（※ここでは便宜的に「単語」と書きますが複数の単語をスペース
　　で区切った「複数の単語」も含みます）
　ここに気づいていないホームページ作成者は多いです。

　順位が高い単語はアクセスがあろうがなかろうが、とりあえ
ず入り口としては成功です。
　ですので、今は考えません。

　順位が低い単語は基本的にアクセスされないはずです。
　他の順位の高いサイトにアクセスをとられて、低い順位まで
回ってくることがないからです。
　ところが、その順位が低い単語でアクセスがあったというこ
とは、その人がその自分のページをクリックしてくれるまでに
上からクリックしてページを見たり、スニペットを確認したり
しても、十分な情報が得られなかったということを意味してい
るのです。
　もちろん、クリックしてもらった自分のページで満足したか
どうかは分かりません。
　しかし、その自分のページより順位が上のページで満足でき
なかったという情報が重要なのです。

上級編

　ここが自分の強みを発揮できる単語の可能性があるということです。

　つまり、こんな低い順位のページでもアクセスされるということは、この単語の順位をあげさえすれば、もっとアクセスされる可能性があるということです。

　途中であきらめてしまっている人が多数いることも予想されます。

　先ほどの話でこのページの順位は低いのですから弱いわけです。

　でもアクセスされているということは相手のページもランキングでは強くてもタイトルやスニペット（Web ページの要約文）の内容はその単語に対しては弱い、もしくはその人が探している情報とは違っているわけです。

　ですから、そのページを充実させて他のページからのリンクも増やし強くすれば周りは弱い上に、もともとの順位も低いので上がりやすいわけです。

　数字は適当ですが、３位を１位にするのに使う労力よりも３０位を１０位にする労力の方が少ないです。そして、３０位でもアクセスがあったわけですから確実に１０位ならアクセスは増えるはずです。

　ここで忘れてはいけないことは、ログ解析に記録が残るということは、その単語が自分のホームページに存在していたということを示しているという事実です。

　その単語が全くなければアクセスされることはありません。

- 117 -

少しでも関連のある単語ならどんな単語であっても、できるだけ単語数が多いホームページを作ったほうが良いということです。

文章が長ければよいというのではありません。

様々な単語が含まれているほうがマッチする可能性が高まるということです。

「どんな単語で来るか分からない」

ホームページ作成の相談に乗ると必ず聞かれる言葉です。

これに対する回答は

「来てない単語のことは捨てておいて、順位は低いがアクセスのある単語から始めましょう」

になります。

これなら人間の考える余地はありません。自動的に決定されます。

来てない単語はいくら考えても分かりません。別な方法を探るべきです。

その方法の一つは〝表示回数も分析に加える〟で説明します。

サーチコンソールを見さえすればアクセスのある単語は自動で手に入れることが出来ます。

ここでいう「順位は低いがアクセスのある単語」というの

は、「そんな単語で？」と作成者が思うような単語であればあるほど効果的です。なぜなら、その単語は念頭になく、頭のちょっと片隅にあるぐらいの状態でホームページを作成しているので、その単語を念頭においてページを作成するとなると今とは違ったページを作成できる可能性が高いからです。

■順位が低いページを充実させる方法

先ほど順位は低いがアクセスのあるページを大事にして充実させるという話をしました。もともと説明が少ない場合はまず説明を増やして、知らない人、初心者でも分かるようにしてください。

ここで提案できる方法があります。

まず検索側から考えます。

それは「グーグルサジェスト」を使う方法です。

➡ グーグルサジェスト

検索窓に単語を入力していき、少し待つと下にその言葉の後ろに続くものがリストになって出てくるのはご存知でしょうか。

このリストのことです。その言葉で検索したときに他にどのような文字、単語が続くことが多いかを教えてくれるものです。

3. どんな検索単語が最適か？

　アクセスのあった単語でグーグルサジェストを表示すれば、そのアクセスのあった単語に他の人が何をくっつけて検索しているのかを調べ、それがもし、そのページにマッチしたキーワードであれば、その単語を追加し、または説明を加えるとより検索者に沿った形でページを充実させることが出来ます。

　次に作成側から考えます。
　この場合は共起語と言われるものを考えます。
　共起語とはその単語と一緒によく使われる別の言葉を指します。
　ツールとしては「共起語検索」で現れるページを使ってください。
　ただし、共起語として現れるからといって、そのページに無関係なものはいれないでください。あくまでも入れるつもりでいて単純に忘れていた、気づけなかった単語である場合に追加

上級編

しましょう。無関係なものを入れるとテーマがぼやけて違う方向に行ってしまいます。

　例えば、「チャーハンのレシピ」を書いているページを作った場合に「チャーハン」の共起語として「店」があるからといって、「店」という単語を無理やり入れてしまうと「チャーハンの店」の紹介ページと勘違いされる恐れがあります。「店」ではなく「中華鍋」なら調理器具なのでレシピとは一緒に出現しておかしくない言葉です。実際、中華鍋の大きさや鉄の厚みにこだわっているなら「中華鍋」については言及すべきですし、その単語が加わることにより、「チャーハンの店」ではなく、「チャーハンのレシピ」というテーマに近づけるわけです。

　類義語（類語）・同義語も使うとよいでしょう。

　これも「類義語検索」「類義語辞書」などで検索して見つけたツールを使ってください。

　自分が知らない類義語もあると思いますので見つけた場合は追加するとその言葉で検索してきたアクセスも拾えるようになります。

■ロングテールキーワード

「順位は低いがアクセスのある単語」はいわゆる**ロングテールキーワード**(※)の考え方とは少し違います。
「順位は低いがアクセスのある単語」はロングテールキーワードであるかどうかは無関係だからです。

3. どんな検索単語が最適か？

　確実にアクセスがあった単語なのでどういう単語だったかは分かります。

　ロングテールキーワードはそれが「メインキーワード＋テーマを限定するためのキーワード」という意味の場合はある程度自動的に見つけることが出来ます。

　メインのキーワードはもちろん分かるので、その範囲を狭くするために単語を繋げる方法でロングテールキーワードを作る場合はもちろん簡単に分かりますが、それを新たに追加しなければならないというのは最初のページ作成の際に掲載した情報が不十分だったと言えます。

　例えば「ラーメン」というメインキーワードに対して「ラーメン　横浜」は横浜に存在するラーメン屋なら当たり前なので普通に作成すれば必然的にホームページにはそのロングテールキーワードは最初から含まれます。

　ラーメン屋を場所の「横浜」で限定することは誰でも思いつきます。どんな属性でどのような単語で限定すればよいかが分からない部分が難しいわけです。

　そのような場合に、グーグルサジェストを使うとよいアドバイスがもらえることがあります。

　実際にやってみるとラーメン屋を経営している人が「ラーメン屋」でグーグルサジェストを使って見ると、「ラーメン屋　近く」「ラーメン屋　バイト」などが出てきて、あまり役に立たな

上級編

そうです。

　しかし、場合によっては役に立つこともあります。

　製造業での例を挙げてみましょう。今、来てほしいビッグキーワードが「DCモーター」だった場合、「扇風機」「制御」「サーキュレーター」「原理」「ACモーター」がグーグルサジェストとして現れました。

　DCモーターを製造販売している会社の場合、制御や原理が関係のある言葉になってきます。

「DCモーターの制御」に関してページがない場合は作成した方がよいことが分かります。

「DCモーターの原理」に関してはWikipediaのように辞書的なページを作り、リンクを張ってもらうことを狙うこともできます。

➡ ロングテールキーワード（ニッチキーワード）

　検索回数（ボリューム）が少ないキーワード、検索意図の明確な複数単語で構成されるキーワードのこと。

　逆にビッグキーワードは頻繁に検索されるあまり検索意図が明確でないキーワードを指す。

　実店舗における販売と違いネットでの販売の場合はメイン商品の売上げ合計よりそれ以外の商品の売上げの合計が上回る現象をそのグラフにした形からロングテールと称されます。

3. どんな検索単語が最適か？

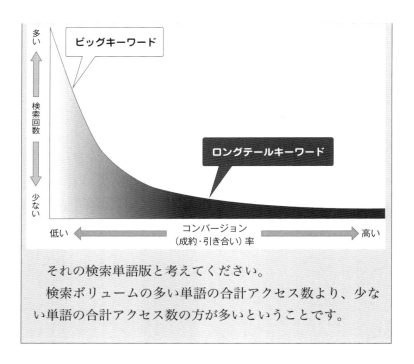

それの検索単語版と考えてください。

検索ボリュームの多い単語の合計アクセス数より、少ない単語の合計アクセス数の方が多いということです。

■表示回数も分析に加える

表示回数の割にアクセスの多い単語は有力です。

Googleの場合、サーチコンソールで表示回数に対するクリック数の割合が分かるので先ほどの単語にランキングをつけてクリック率の高い単語から順番に対応していくと効率よく改善することが出来ます。

全然クリックされないが、ある程度の表示回数はある単語に

ついては注目しましょう。

●順位は上位なのにクリックされない単語

　順位が高いので見られていることは間違いないのに押されていないというのは、普通に考えるとおかしな状態と言えます。
　その場合はその単語での検索結果を一つずつ見て、自身のスニペットや周囲のページのスニペットを確認していくしか、改良の方法はありません。

　以下のような場合には比較的上位にランクされてもクリックされにくい状況が起こります。

・社名に一般名詞が入っていて、その一般名詞で検索された場合
　　一般名詞で表されるものを探していて会社は探していない。
　例）「自動車」と検索した時に上位に「トヨタ自動車」が
　　　出てくるが、それはおそらくクリックされない。

・一般名詞で直接販売はしていないが間接的にその言葉の説明が存在する場合
　それ自体を販売はしていないが原材料として使っていたり、加工したりする内容を記述している場合など。
　そのものが何かを調べているのであって、それの加工品を調べているのではない。

例)「サファイア」と検索しても「サファイアの精密加工」は探していない。

・一つの言葉に複数の全く違う意味がある場合
例)「ボクサー」と検索した場合、犬のボクサーを検索している人はボクシング選手を探してはいない。

このような（該当する）種類の検索でない場合、やはり検索結果に表示されている要約（スニペット）が周りのページと比べて押されにくいかどうかを考えましょう。
少しでも押されるような内容になるように文章を見直しましょう。

●表示回数が多くてもクリックされない単語

表示回数は多いのにクリック数が0の単語はサーチコンソールを見ていても、あまり気づかれていない方が多いのではないでしょうか？
サーチコンソールは初期状態でクリック数の多い単語順でソートされているからです。

特に順位の低い単語は現状のホームページを考えて本当に必要な単語かを見極め、テーマとして必要な場合は該当ページがあるならそのページの改良を、該当ページがないなら積極的に新規で作成をしましょう。

上級編

　場合によってはページ構造を変更する必要まであるかも知れませんが、今までアクセスがなかったわけなので改良することによる見返りは大きいです。
　この対策方法は「順位が低いがアクセスのある単語」と同じです。

■上位に来ているページの調査

　ここまで書いた方法によって、強くすべき検索単語（テーマ）は見つかりました。
　ページ内容の充実のさせ方も少し説明しました。

　まだ、行えることがあります。
　その単語でのアクセスがあるページは順位が低くてもログ解析やサーチコンソールを使えば分かります。
　当然、この単語で検索した時にそのページが上位に表示されるように変更する必要があります。

　SEOというテクニックを書いた本やサイトがたくさんあります。
　それらは一つの面では正しいかもしれません。
　実行してみて、順位が上がった人もいるかもしれませんし、全然上がらなかった人もいるかもしれません。
　ただ、膨大なデータを元に計算して順位を決めているので、恐らく検索エンジンの開発者にも複数のページを見ただけでど

のページが一番に来るかということは分からないはずです。

　しかし、確実に上位に持っていく誰でも分かる方法があります。
　それは上位に来ているページの真似をすることです。
　文章だけでなく、原理的にはそのサイトへのリンクまで真似することができれば同じ順位になるはずです。
　実際にはそのサイトへのリンクがどのサイトから合計何本張ってあるかは分かりませんし、分かっても自分のサイトではないのでページ内容を変更して張ることは不可能です。
　また、文章をそのまま持ってくれば著作権的にまずいです。

　ですから、あくまでも上位のページを参考に独自のものを作るべきです。

　ホームページ作成スキルの上達は、武道の上達と似ていると思っています。

　それは「守破離」「見取り稽古」です。

「守破離」とは
「まずは型を守って作り、それを破って工夫をする。最終的には独自のものを作る」

　型を守るというのは既に基本編で書いた内容です。
　それを破るというのは型を守るだけでは人に抜きんでること

上級編

は出来ないということです。

　型を守ればある一定のレベルまでは到達できます。

　その後、それをブレイクスルーしなければ、そのレベルを超えることは出来ないということです。

「見取り稽古」とは
「優れた人のやり方をよく見る」

　まず、上位表示している他のページを確認しましょう。

　自分のページとの違いに注目してください。

　そして、見習うべき点は見習いましょう。

　これの逆を聞いたことがあります。

　弓道でとてもよく当たる人がいました。

　その方に
「どうやったらそんなに当たるんですか？」

　と聞くと
「下手な人の射を見るんだよ」

　と言われました。

　これもある意味、真理をついていると思います。
「下手だな」と思う人の真似をしないということですね。

　ホームページでも自分より下の順位のページを見て、他山の石とすべきだということですね。

- 129 -

4. テーマは統一されてますか？

■分かりやすい（良い）ページとは何か

　前に少し言及しましたが、作成されたページは何を訴えたいか分かる一つのテーマを持ったページになっているでしょうか？

　これは人間だけでなく、検索エンジンから見てもテーマが分散したとみなされないことが重要です。

　ある単語で検索された時に、その単語を説明しているページとその単語も含んで他のことも説明しているページがあった場合、どちらの順位を上にすべきでしょうか。

　もちろん、その単語のことを説明しているページになります。

　その単語を説明していても他のことも説明しているページでは、その単語に対してはテーマがぼやけてしまいます。

　ターゲットとしているテーマの大きさにも関係があるのですが、それは後の「テーマの抽象度を合わせる作業」で触れることにします。

上級編

■ページ別にアクセス原因を探る必要がある

　人間が見て、このページはテーマに沿っているなと判断することはもちろんできます。

　しかし、その場合その判断はその人のセンスに左右されてしまいます。

　それを防ぐためにログ解析が利用できます。

　どのようにログ解析を利用するかというとページごとに検索単語とその検索回数を集計します。

　そうすると、その検索単語群は自動的にそのページのテーマを表した単語群になります。

　なぜかというと、そのページが検索エンジンとそのエンジンで検索してクリックした人からどうみられているかを自動的に表すことになるからです。

　この単語群の中に違和感のある単語がないかどうかを確認します。

　同義語ばかりであれば、そのページはそのテーマに沿ったものと言えますが、異質な言葉が含まれる場合、テーマが分散していると言えます。

　異質な言葉が含まれているか、テーマが分散しているかどうかを判断する部分で少し難しいところがあります。

　人間から見た同義語と検索エンジンから見た同義語が違う場

- *131* -

4. テーマは統一されてますか？

合があるからです。

　一つの見分け方として、両方の言葉で検索してみる方法があります。

　検索結果として同じページが多数含まれているようだとその同義語は人間も検索エンジンも同義語だとみなして問題ないです。

　両方の言葉が入ったページが多数存在しているということを意味しています。

　しかし、ほとんど違うページが検索結果に現れたとしたら、恐らくそれは異質な言葉とみなされていると考えていいでしょう。

　自分で作ったページにはその二つの言葉どちらでもアクセスされるが、世間的にはそうではなかったということが示されているわけです。

　自分でみるとほぼ同義語ですが、世間には同義語とみなされていないわけです。つまり、テーマは分散しているともとれます。

　ここで自分はホームページ作成者、世間は検索エンジンや閲覧者を意味します。

　例えば、「山登り」と「登山」の場合、同義語といってもいいかもしれません。

　しかし、実際検索してみると上位のページだけ見た場合、同じページはありません。

　そこで、「おたふく風邪」と「流行性耳下腺炎」で試してみます。

- 132 -

その場合、Wikipedia と国立感染症研究所のページが両方の単語の上位に見つかりました。

（これは現時点での結果なので将来はまた変わるかもしれません）

上記のことを踏まえると「山登り」と「登山」の両方でアクセスされていたページがあった場合、ページを分けた方が良く、「おたふく風邪」と「流行性耳下腺炎」の両方でアクセスされていたページがあった場合はページを分けなくてよいということになります。「失注」と「逸注」も同様に同じページが数ページ両方の単語の検索結果として現れます。

■テーマや単語が分散している場合はページを
　分離独立させる

分散した単語というのは一つではなく、複数存在して、その複数の単語をグループ化出来ることも多いです。

一つのページにある単語群と別な単語群に分かれることがあるということです。

そのグループ化された単語群のアクセス数の合計がそれなりにある場合はページを分離して二つに分けます。

アクセス数の少ない単語群でページを新しく作って分離独立させましょう。

その際はもちろん、その単語群をテーマとしてページを作成します。

4. テーマは統一されてますか？

　そして、元のページに残った単語があればその単語群はすべて新しく追加したページにリンクを張ります。

　それにより、この単語群の説明は新しいページにあることを検索エンジンに知らせることになります。

　当然、新しいページに分離独立時の元のページのテーマを表す単語群が残っている場合は逆に元のページにリンクを張りましょう。

　例えば、「ダイヤモンド 硬度」「ダイヤモンド 硬さ」「ダイヤモンド 比重」「ダイヤモンド 重さ」という検索で「ダイヤモンド」の説明ページにアクセスがあった場合、「硬さ」に関するページと「重さ」に関するページに分離独立させたほうが効果があるかもしれません。

　また、それほどアクセスが多くなくてもすぐ文章が書けそうな場合、いったん分離してみましょう。

　変更後、数ヵ月ぐらいアクセスされる様子を見て、分離前のページのアクセス数と分離後の二つのページのアクセス数の合計のどちらが上回っているでしょうか？

　分離後の方が多ければ成功、少なければ失敗です。

　失敗した場合は分離をやめて元に戻しましょう。

上級編

■同様なテーマのページが複数ある場合はページを統合する

　逆に同じような単語群で検索されているページが複数ある場合はせっかくの情報が分散されてしまっているため力が弱まっています。集中させる必要があります。

　一つのページに統合しましょう。

　製造業の場合、よくあるのは商品紹介ページとアプリケーション（用途例）のページでほぼテーマが被ってしまっているケースです。用途例が一つしかないような専用品の場合です。

　汎用的な商品の場合は用途例が多数あるのでテーマが重複することはありません。

　例えば、工業用「センサー」でしたら検出するものに応じて様々な用途があります。

　そのようなアプリケーションを紹介するページは用途の数だけ作ることが出来ます。

　センサー紹介ページは純粋にどのようなものが検出できるか、区別できるか、距離はどれくらいかなど仕様面を説明すればよいわけなので、商品ページとアプリケーションページがかぶることはありません。

　しかし、例えば「ボールペン」の紹介ページの場合、紙に字やイラストをかく用途例しか思いつかないのでボールペンの仕様（太さとか書き心地など）と共に用途例を書けば事足りてしまいます。

4. テーマは統一されてますか？

　ボールペンは何にでも使える汎用品のように思いますが、紙に線を引くという専門の用途しかない、ある意味では専用品であることが分かります。

　うどん製麺機などのような専用機械や専用部品も用途が絞られます。製造業ではこのような専用機を製造販売している会社も多数あります。

　このような場合は商品紹介とアプリケーションを分けずに一つのページに書いた方が良いことになります。

　どちらかに寄せてページを一つにすると検索エンジンからみても分散がなくなりますので、順位が上がります。

　その際、そのメニューの大分類ページが「商品紹介」になるか、「アプリケーション」になるか、「○○○○社からの提案」となるかは状況によりますが、ページのリンク構造はトップページから人間が見て自然になるように作成してください。

　用語説明のページも重なりがちなので気をつけましょう。

　商品で存在しているページがある場合は用語説明のページは不要です。

　例えば、商品ページで「DC モーター」が既に存在している場合、「DC モーター」の用語説明ページは不要ということです。

　とにかく同じテーマで複数のページが存在している状態はなくしましょう。

上級編

■テーマの抽象度を合わせる作業

　ページを作成するときに一つのテーマで長い文章を書くことができない場合は小さいテーマがいくつか入ったページになってしまうでしょう。

　その場合、そのページはテーマが複数存在することになり、つまり分散するということになります。

　ただし、それらの小さいテーマを抽象化すると一つのテーマになるときは分散しているとも言えないことになります。

　要はホームページ作成者側から見たテーマの抽象度が検索者や検索エンジン側から見た抽象度と同じ場合は両社ともが検索結果に満足するハッピーな状態となりますが、抽象度が違うと検索にマッチせず、ずれが生じることになります。

　ここでいうテーマの分散と集中は、作成者と閲覧者の抽象度を合わせる作業となります。

　そして、この作業はアクセスログを解析しないと行うことができませんし、またログを解析しさえすれば誰でも出来る作業になります。

4. テーマは統一されてますか?

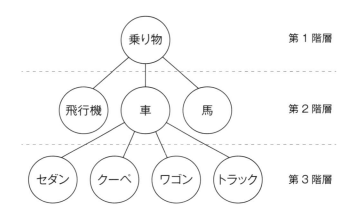

　車をテーマにしたページを書くときにその下の階層にある「セダン」「クーペ」「ワゴン」「トラック」などが入ってくることがあります。
　その場合、「車」としてはテーマは一つですが、一つ下の「車の形」を考えた場合、複数のテーマを含んだ内容になります。

「車」ページを作った場合にもし「車の形」のことにも多く触れて記述し、その下の「セダン」「クーペ」「ワゴン」「トラック」を書かなかった場合のことを考えます。
「車」を検索する人が実は「セダン」に関する検索だった場合にはこの「車」のページにマッチします。
　例えば「車 乗り心地 良さ」などの検索です。その場合はマッチします。

　では、「車」ページを作った場合に「車の形」にはほとんど

触れず、下の階層として「セダン」「クーペ」「ワゴン」「トラック」のページを用意した時のことを考えます。

「車」を検索する人が実は「セダン」に関する検索だった場合にはこの「車」のページにはマッチしません。

つまり、「車 乗り心地 良さ」と検索した場合、「セダン」のページには「乗り心地の良さ」についての言及があったとしても、「車」ページに「乗り心地の良さ」に関する記述がなければマッチしません。「セダン 乗り心地 良さ」と検索しないとマッチしないことになります。

この抽象度を合わせる作業をより簡単に行う方法があります。

それはそのページの形態素解析を行う方法です。

名詞だけ抜き出してきて、単語の数を集計してやると、だいたいアクセス単語と同様な単語群が現れます。

これと比較すればテーマがあっているかどうか、分かりやすくなります。

■否定的な単語・テーマ

一つのテーマを表すのにそれを否定するような言葉や反対の言葉が使われることもあります。

人間が見れば同じテーマを説明していることが分かりますので、そのうち検索エンジンの方でも同じテーマとみなしてくれるようになるはずです。

ただ現在のところは否定的な単語を使って、ページを分離し

4. テーマは統一されてますか？

てみると両方とも順位が上がったりします。

　同一テーマに対して肯定的な見方で説明するページ、否定的な見方で説明するページ、両方作ると意味は違いますので検索してくる人も違う人になり、一度で二回分のアクセスが稼げるわけです。

　これは分かりやすく書くという意味でもお勧めの方法です。

　これはみなさん盲点になっていると思います。

　自社サービスや商品、訴えたいことの否定の単語をホームページに入れてみると意外に検索されていることに気づきます。

　実際の例を挙げてみます。営業のコンサルティングもしているので、「受注するにはどうすればよいか」という観点から「効率の良い営業とは」というページを書いていました。

　そのコンテンツの中に受注率を上げるためには「失注の理由を探りましょう」という文章を書いていました。失注の理由が分からなければ対策の立てようがないからです。理由としては「製品の仕様が合わなかった」「同等の機能を持つ競合商品の方が安かった」などいろいろあるでしょう。しかし、　その理由が分かれば対策を立てることができます。

　そうすると、一番アクセスの多かった「営業とは」という単語に混じって、「失注」「失注の理由」「失注原因」という言葉でのアクセスも相当数ありました。

上級編

営業とは	161 ▬▬▬
―	25 ▬
良い営業	9 ▎
効率の良い営業	7 ▎
営業効率、失注 意味	4 ▎
営業管理とは、失注率、成約率を上げる手法	3 ▎
効率 営業、効率とは、効率の良い 営業、営業 効率	2 ▎
なぜなぜ分析 失注分析、効率のいい営業、効率のよい営業、効率の良い営業の仕方、効率よい営業とは、効率訪問、営業とは、営業 失注、営業とは？、失注 分析、失注 要因 分析 グラフ、失注率分析、失注理由、客先フォーム 営業、良い営業とは	1 ▬
小計	242 ▬

「効率の良い営業とは？

「効率の良い営業とは」ページへのアクセス単語一覧

　つまり、検索する人は自分の失敗経験もしくは、失敗したくないからと検索をかけることが結構あるということです。

　これも考えると当たり前のことで困っていることや、うまく行かないことを調べるために検索することはよくあると思います。

　チャーハンが美味しく作れない場合に「チャーハン作れない」と探したりはしませんか？

　もちろん「チャーハン レシピ」は抑えておくべき単語ですが、「チャーハン べちゃべちゃ」など否定的な言葉で検索する人が相当数いることを覚えておいてください。

　日本人は特に言霊の影響を気にするので、否定的な言葉は書いたり使ったりすることを忌み嫌う面があります。

「縁起悪いこと言うな」

　ですね。

- 141 -

4. テーマは統一されてますか？

　そのため、本来検索する人は否定的な言葉で検索してくるにも
かかわらず、ホームページ上にはあまり存在していないのでしょう。
　いずれにしてもページを作るときは否定的な単語（テーマ）
で文章を作ることは有用です。

■複数の単語

　単語一つだけで上位に行くのが難しいのでホームページの
SEO 対策は難しいと思っていませんか？
　自分が検索するときのことを考えてください。
　一つの単語だけで探したい情報が一発で見つかることは多い
でしょうか？

　例えば、横浜で中華料理屋の美味しい店を探すとします。
「横浜 中華」
　ではなく、
「横浜 中華 美味しい」
　と入れると思います。
　それでも多数出てくるので
「横浜 中華 美味しい 辛い」
　など嗜好を加えたり、まだ多いので、
「横浜駅 中華 美味しい 辛い」
　と場所をさらに限定したりします。

　ですから、自社のやっているサービスや商品に競合が多数い

上級編

たとしても、売りになる特色を考えて複合語でアクセスされる
ようにホームページを作成すればよいのです。

　そして、ページの内容はその複数の単語で検索された人に満
足してもらえる内容になるようにします。

　この場合、テーマはより具体化する方向に行きますので元々
のページが存在する場合は分割して、子のページが作る場合も
あります。

　この複数の単語で検索する場合に先ほどの「グーグルサジェ
スト」「共起語」「類義語」などを使っても、より細かい（具体
的な）テーマにたどり着けるでしょう。
「グーグルサジェスト」を使えば細かいテーマにたどり着く際
に主観を除いて、より世間の人の大多数が探しているテーマに
たどり着けることが出来ますので自分で考えるより効率がよく
なります。
　ただし、ずっと書いてきているように大多数の人が検索して
いるものよりも、あまり検索されないテーマに旨味があるので、
あまり「グーグルサジェスト」に頼りすぎるのもお勧めしませ
ん。自分なりの特色がある場合はそちらを掘り下げるのが良い
でしょう。
　逆のことを書いているので混乱するかもしれませんが、とに
かくコンテンツの量が増えることはアクセスアップにつながりま
す。騙されたと思ってどんどんページは追加してください。

5. ホームページ作成に必要なこと

■何を訴えたいか分かっていますか？

　ホームページを作成するときにどのような閲覧者に向けて、どのような内容を書くのか考えていますか？

　企業の場合、どのようなお客様に向けて、自社のどのような特色を訴えたいでしょうか。

　つまり、ホームページを作成するためには自社のサービス、歴史に関してよく理解していなければなりません。

　なぜ歴史を知る必要があるかというとサービスや商品はその時代の必要に応じて変わっているからです。創業以来、ずっと同じサービス、商品を作っているなら必要ないかもしれませんが、そのような会社はあまりないでしょう。なぜそのサービスは変わったのか、なぜその商品は製造・販売をやめたのかが分かっていないと、新サービスや新商品の開発経緯が分かりません。

　そして、ホームページを訪れる人はどんな人か分かりません。

　つまり、何も知らない人に向けて、自社のサービス、商品を分かりやすく伝える必要があります。

上級編

　つまり、自社事業についての完全な理解と素人にも分かりやすく説明できる能力が必要です。

　会社が大きい場合、一人で自社事業について完全に理解することは難しいので、複数人で担当することが必要になってきます。

　複数人で担当すればお互いの分かりにくい文章を指摘し合ったり、分かりやすい文章を真似したりすることができるのでよりよいページ文章を作成することが可能になります。

■情報は様々なところから収集する

　自社商品・サービスの完全理解をしている人はそんなにいません。大きな会社なら社長でさえ、完全理解していないかもしれません。

　そこで、営業部門や開発部門にヒアリングする必要があります。

　営業部門には
「なぜ競合でなく、この商品を選んでもらえるのか」
「どのようなお客様にこのサービスは販売しているのか」
　開発部門には
「この商品がない時はお客様は何を使っていたのか」
「競合にはあるオプションがこの会社にないのはなぜなのか」
　など商品・サービスに関わることで知りたいことはたくさんあります。

- 145 -

5. ホームページ作成に必要なこと

　様々な部署にデータを提供してもらう必要があるので、他部署との円滑なコミュニケーションの能力も必要です。

　忙しさを理由になかなか出してくれない場合もあると思います。
　データを出してもらえない場合は競合している会社の充実したページを見せて
「これでいいのですか？」
　と尋ねる手もあります。

　直接聞いたり、部門長に聞いたり、分からない場合は社長に聞くしかない場合もあります。

　自社のことを知るのに一番いいのはお客様に聞くことです。
　営業でない場合、外部の人と連絡を取るのは気が引けるかもしれませんが、思い切ってヒアリングしてみると世界が広がりますので是非お勧めします。
　よく使っているお客様ほどその会社に言いたいことはたくさんたまっていますので、喜んでいろいろ話をしてくれることが多いです。それは営業でも聞けない話も多いので、それを営業や開発など社内にフィードバックするとあなたの社内での人間関係もより良好なものとなっていくでしょう。

　ホームページ作成担当になった場合は他人任せにせず自分で責任をもって情報を収集していきましょう。

上級編

　この仕事を行うと他部署の人がどのように自分の業務に向き合っているかもよく分かりますし、商品展開の歴史も分かりますし、断片的に知っていた情報がだんだんつながっていくのでとても面白いでしょう。

　一度、このようなことで社内に顔が利くようになると勝手に情報が入ってくるようにもなります。改良によって、ホームページからの引き合いの量も増えると思いますので、そのことも忘れず情報を教えてくれた人にフィードバックしてあげてください。
　必ず次に繋がります。

■日々続けること

　ホームページの変更は日々続けることが大事です。
　上位表示されたり、アクセスが多いページというのは更新回数が多いものが多くなります。
　いろいろ考えて、変更・追加したことにより、アクセス数が増減すると自分が行ったことが良い意味でも悪い意味でも評価されるようになるので、それ自体が面白いものになってきます。
　その意味でもアクセスログの解析は重要です。

　日々の仕事が忙しくても1日1時間、週に3時間でも時間を決めて取り組むことが重要です。
　月に最低3ページなどノルマを課すのも良いと思います。
　変更・追加した情報に関して、

5. ホームページ作成に必要なこと

・URL
・なぜ変更・追加しようとしたかの理由
・その後のアクセスの変化

　を毎月まとめていけば後で比較するのに役に立つ情報となります。

　先ほども書きましたが、アクセスが増えた際は情報源にフィードバックすることは忘れないようにしてください。
　コンテンツのデータが命なので社内ネットワークは常に太くしていくことを心がけましょう。

　コンテンツさえ揃えば、ページを変更・追加する作業で人がいない、割けない場合はどこかのホームページ業者にお願いするのも良いと思います。
　アクセスアップ、引き合いを増やすことを心得ている会社なら、むしろ作成はそちらにお願いした方がさらなる引き合いアップも期待できます。
　コンテンツは業者ではどうにもならないので、自分は情報収集とコンテンツの作成に力を注いでください。
　特にアクセスアップや引き合いが増えたところに関しては、具体的にどの部分だったのかまで調査すれば新商品・新サービスのヒントになることも多く、さらに個別のお客様にヒアリングするところまで出来れば完璧です。
　ホームページ担当が商品企画者を兼ねることも出来ます。

上級編

6. 引き合いですべてが始まる

■上位表示だけでは引き合いは来ない

上位表示されると人々の目に触れる機会は増えます。

多数のアクセスがあるとブランド構築には役に立ちそうですが、内容のない、心に触れないページの場合は逆効果になる場合もあります。分からないことばかり書いてるダメな会社という印象を与える可能性もあります。

ですから上位表示しているからと安心してはいけません。

本当にホームページが存在してよかったのかどうかは上位表示だけでは分かりません。

最終的には販売額が伸びていくかどうかでしか評価できません。

では、どうやってここからページの改善をしていけばいいのでしょうか。

アクセスが増えてきた場合、その単語を特定することはアクセスログ解析をすれば出来ます。

その単語で実際に検索をすれば、上位表示されるはずですの

で、どのページへアクセスされているかも分かります。

その際に前後の順位のページを見てください。

その単語で検索した人が満足いく内容が書かれていますか？

また、自分の作成したページに比べてどうですか？

・内容は充実していますか？

・分かりやすいですか？

・見やすいですか？

実際に検索した人の気持ちになって、自分のページを贔屓せずに見てください。

それでも自分のページを押してもらった場合に満足してもらえそうでしょうか？

満足してもらえそうなら問題ないです。

他のページの方が「見てよかったな」と思われたりしないでしょうか。

もし、そういうページが上位や近くにある場合は改善する必要があります。

まず、それらのページにあって自分のページに足りないものに関して改善していきましょう。

これは1位のページであっても同様です。

順位というのはあくまでも検索した結果であって、見た人が満足した順位ではないことを忘れないようにしましょう。

1位だから問題ないというのは落とし穴です。

上級編

　順位を決める一つの指標として、検索結果でのクリック数というものもあるようですが、これもスニペット（検索結果に表示されるページの要約文）がよいとクリックされるので、満足したかどうかを反映させてはいません。

　要は営業力のあるページが上に行くのです。

　本当に品質が高いページが上に行くとは限りません。

　ただし、Google は常に検索単語に対して品質のよいページを上にいくよう、アルゴリズムを改良しているので、中身の伴っていない営業力のあるページより、品質の高い内容のあるページを上位表示させるようになって来ています。

　そういう意味でも１位でも油断せず、下位のページのコンテンツには気を使う必要があるわけです。

　営業力ではなく、品質が優れているかを常に相対的にチェックしましょう。

■いかに引き合いを増やすか

　販売額を伸ばすためにはホームページを見て問い合わせてくれるお客様を増やすしかありません。

　ホームページにある問い合わせフォームからの問い合わせでも電話の問い合わせでも構いませんが、増やす必要があります。

　電話で問い合わせがあった場合には、必ずなぜ問い合わせていただけたのかを聞いて記録するようにしましょう。

　これはホームページの効果測定だけが目的ではありません。

- 151 -

6. 引き合いですべてが始まる

もっと大きな販売促進策を考える上でも重要です。

　ホームページで引き合いを増やすために簡単に採れる対策についてお教えします。

　まず、質問は少なくします。
　企業の担当者に多いのは「マーケティングに利用するのでなるべくここで多く情報を取っておこう」とされる方です。
　多くの情報を書かせても適当に書かれたり、警戒されるだけです。
　また、引き合いを出すことをやめてしまうかもしれません。
　つまり
「ちょっと質問があるだけなのに、何でこんなに聞かれるの？」
　と思われているわけです。
　質問する前に質問で返されている状況ですね。
　必要最低限の質問に絞りましょう。
　必要な情報は営業が電話した時に聞けばいいのです。

　問い合わせフォームは出来る限り多くのページに入れましょう。
　これは20年近く経験してきて分かっていることですが、問い合わせフォームのページ数は多ければ多いほど問い合わせの数は増えます。
　商品やサービスの紹介ページには全て問い合わせフォームをつけることをお勧めします。

上級編

なぜ増えるのかは少し考えれば誰でも分かります。

あるページを見ていて、そのページの商品についてそのページに書いていないことで聞きたいことができたとします。その場合、右上のお問い合わせリンクを押さないとダメな場合、まずスクロールして、さらにクリックして別のページに飛ぶ必要があります。

この時点で、質問を忘れてしまい、聞きたい商品の型番は何だっけ？　あれ、何聞きたいんだっけとなる可能性があります。

そうすると、もう面倒だからと検索結果の次のサイトにいってしまうかもしれません。

問い合わせの質問や個人情報の入力は極力簡単にしましょう。

問い合わせの数が増える増えないというよりも必要以上に聞かれることは不快だからです。

■引き合いの分析の仕方

ホームページを担当している方にとって引き合いの数は死活問題ですが、例えば先月に比べて引き合いが減ったといって、焦っていることはないでしょうか？

どのように対策していくかを説明しましょう。

先月と比較するのもいいですが、やはり去年や一昨年の同月

の数と比較すべきです。

・季節的な商品・サービス
・決算前で予算が余っていてお金を使ってしまいたい

などの理由から同月で比較した方がいいことが分かります。

比較する内容は

・検索エンジンからのアクセス数
・問い合わせ内容と数
・検索ボリューム

になります。

●検索エンジンからのアクセス数

どのような単語でどのページに、どのくらいアクセスがあったかを比較します。

・単語とアクセス数にほとんど変化がないのか。
・アクセスされているページに変化はないのか。
・急にアクセスがなくなったページはないのか。
・元々存在していたページ自体がなくなっていないか。

上級編

●問い合わせの内容と数

問い合わせを種類別に分類します。

・新規客と既存客

　既存客からの問い合わせは基本的に除外します。

　既存客の定義は「その人が選定して一度でも購入したことがある」場合です。

　同じ会社であっても別の人が購入していて、その人自身が選んで購入していない場合は新規客となります。

　問い合わせの数を比較するのは新規客に限定します。

　これだけでも、かなりふるい落とせると思います。

・電話での問い合わせも記録

　また、電話での問い合わせも集計します。

　電話の場合も検索してホームページを見てからの問い合わせの場合はカウントに入れる必要があります。

　ホームページ由来の引き合いはすべてカウントしなければ精度が出ません。

　電話を受けた場合はさらにしてほしい質問があります。

　新規客であることが判明した場合、カウントしますが、さらに「どうして弊社に問い合わせをしていただいたのですか？」という質問をするように習慣づけましょう。

　その際に検索単語なのか、同僚や先輩に会社名を教えられ

てなのか、学生時代に使っていたのかが判明するはずです。
これは必ず記録してください。

・問い合わせを分類
ホームページからであっても電話であっても、問い合わせ
を種類別に分類します。
本当に検索してアクセスされた問い合わせかどうかを重視
してください。

営業マンを名指ししての問い合わせは除外します。
これは電話するのが億劫だったり、話すほどの時間がない
などの理由によりホームページから問い合わせしたものな
ので、ホームページの改良とは無関係です。
最初ホームページを見て、すぐ電話して話をしたけれど後
で聞きたいことが出来た場合などに、数字など細かいこと
をメモ代わりにフォームから入れて再度同じ営業に問い合
わせをしているケースがあります。
この場合は初回の問い合わせでカウントされているので再
度の問い合わせはカウント不要です。

・［カタログ・見積・訪問依頼］何らかの情報が欲しいとい
う問い合わせ
これらの依頼は何かしら使えそうなものが選定が出来たと
いうことを意味します。
競合でない新規客であれば、ホームページの成功を意味し

上級編

ていると言えます。

・［商品選定相談］どの商品を選定すべきか分からないという問い合わせ

ページが分かりにくいので問い合わせをしているのか、そうではなく商品自体の仕様が分かりにくくて問い合わせをしているのかを確認します。

ページを改良するためのポイントとなるのでよく質問の意図を理解しなければなりません。

質問の意図が分からない場合は直接電話するのも良い方法です。

忙しい時でなければ、細かく話してくれるはずです。

それで改良のヒントがつかめることも多いです。

・［技術的質問］理解した上での問い合わせ

　・ページに書いていなかったことを質問

　・書いてあることがよく分からないので質問

　・何のための質問なのか

を確認しましょう。これもコンテンツ作成のヒントになります。

・［試作・改造依頼］こういうものはありませんか、作れませんか？　という問い合わせ

ページの内容を理解した上で聞いている可能性が高いので

ホームページの成功を意味しています。

ただし、これも内容をよく確認しましょう。ページをほとんど見ずに質問してくる人もいるのでそれは除外しましょう。

・[営業] そもそも問い合わせではなく営業

「ホームページ改良しませんか？」などの営業を商品のお問い合わせフォームに入れてくる業者がいます。

このような会社にお願いする人はいるのでしょうか。いるから問い合わせフォームに書くのでしょうが、自社の商品やサービスに問い合わせをしてもらうために設置しているフォームに全く逆の営業を掛けられるとよい気分ではありません。

そのようなことに気づかない業者にホームページを頼んでいいものでしょうか。

また、そのような営業を受けないために質問を増やすのはどうかと聞かれたこともありますが、無駄に質問を増やして本来のお客様に嫌な思いをさせるのはこれももったいない話です。

「営業の問い合わせを受けたくない」とよく相談されますが、ホームページに「営業お断り」と書くのも気乗りがしないものです。

これは気にせず無視するようにしてください。

上級編

●検索ボリューム

そもそも問い合わせの減った分野の単語の検索回数が減っていないかを確認します。

（増えた場合は逆です）

Google トレンドで過去にさかのぼって確認します。

「この商品は景気がいい」と思っても、実際に調べると徐々に検索回数が減っていることも実際ありました。

担当者の主観には頼ってはいけません。

困った時は「Google トレンドに聞け」が合言葉です。

■対応したくない引き合い？

製造業では少量の購入依頼を受けたくない、ということをたまに聞きます。

少量の購入依頼というのは「儲からない」から不要だということなのですが、そのような将来化ける可能性もある依頼を引き受けないというのは大損につながる可能性があります。

親切に対応してくれる会社があった場合に、「なんだ、あの不親切な会社は」と思われますし、下手すると知り合いに話をされたり、SNS に書かれたり、ろくなことにはなりません。

また、試作品として使う場合や学生が実験で使う場合もあり、将来そのような、本当のお客様になる可能性のある方に否定的な感情を持たれるのは最悪です。

どうしても少量に対応できないのなら、そのような少量に対応している商社がありますから、そちらに在庫を抱えてもらって販売するなどいくらでも方法はあります。

ホームページに来た場合はどうして少量が必要なのかを確認した後に商社のページを紹介すればよいです。

問い合わせを受ければ見込み客としてデータベースに登録できるので、メール配信を行って、様々な情報を伝えれば、将来のお客様になっていただくことも可能です。

引き合いを断ったり、少なくてよいというのは非常にもったいない考え方です。

上級編

7. 引き合いに対するフォロー

■何を探そうとしていたかを探る

今はアクセスされるのに使われた検索単語がほぼ取得できなくなっている[※]ので、どの単語で検索されて、どのようなページを見て問い合わせが来たかを追うのは不可能になっています。

（※）Google、Yahoo! は取得できません。サーチコンソールは検索単語とアクセスされたページは分かりますが、そこからどう動いたかは独立した別のログ解析となるので自動的に結合することは困難です。

以前は検索単語が分かったので、どうして引き合いをいただけたのか探るのが容易でした。

今は検索単語は分かりませんが、どのようなページを辿って問い合わせをされたかまでは分かります。

どんなページを辿ったかが分かるだけでも、何を探そうとしていたか、お客様の考えがある程度分かります。

以前、お客様とこの問い合わせまでのページ閲覧状況を確認しているときに、30 ページぐらい辿って、最後に問い合わせ

- 161 -

7. 引き合いに対するフォロー

をされた方がおられました。

　これだけ見ているのは一体何を探していたのだろうとお客様と最後のページでされた問い合わせ内容を確認すると、「○○○○の商品がどこにあるか分かりません」という問い合わせだったという、笑うに笑えないこともありました。

　問い合わせ内容を見ていると、その問い合わせの周辺ページを何回も見ていることが結構あります。
　その探し方から本当は何を知りたいかに気づくこともできるかもしれませんし、それだけでは分からなくても、直接電話や訪問した際に会話の内容から本当に知りたいことに、たどり着けるかもしれません。それを踏まえた上で提案すれば、お客様からは「よく分かっている営業」だという認識を持ってもらえます。

■前もって情報を仕入れてから電話

　引き合いを受けて電話する場合、出来るだけお客様の情報が分かっていた方が話をしやすいので、前もって、そのお客様がどのような商品を作っている会社かなどが分かると自社商品のどの部分に注目されているかが分かることもあります。

　先ほどのどのページを見たかという情報に加えて、所属の会社や部署の情報があればより正確にお客様の情報を把握できます。

上級編

　把握していれば電話した時にさらなる問い合わせを受けても
あわてず対処できる可能性は上がります。スムーズに回答でき
れば信頼感も増します。受注につながる可能性も高くなります。
　まさに「彼を知り……」です。

■コミュニケーション履歴の記入

　電話した内容は逐次記録することをお勧めします。

　出来れば、営業支援システム（SFA）を使って、その場で記
録していくと楽です。
　再度電話したときに時間が経っていると何を話したか忘れて
いるものですが、記録を見ながら「以前、こういう話をしまし
たよね？」という話をすればお客様も喜びます。
　信頼関係も築けますので、その後の商談はスムーズなものに
なります。

　実際、人間は結構忘れやすいもので過去のデータを見ると「こ
んなこと話したっけ」となることは頻繁にあります。
　会社にもコミュニケーション履歴が残りますので、他の人も
参考に出来ますし、またその人が別の部署に移動したり、退職
したりした場合にも後を引き継いだ人がその情報を参考に出来
ます。

8. 商品企画への活かし方

　会社全体のホームページ対策がほぼ出来た場合、アクセスされるのに使われた検索単語はある意味で世間の検索傾向をそのまま反映します。

　ですから、ある単語で多数のアクセスがあるなら、それは世間がその単語の情報を欲しているということになります。

　アクセスを分析してみると売りたいものと違うものが検索されているということはよくあります。

　そのような場合、売りたいものにより力を入れてページを改造するよりも世間が探しているものに耳を傾けてホームページを改造することをお勧めします。これが見る側に立つということにつながります。

　特に複数の単語ではなく、一語の一般名詞で検索している場合、その探しているものが

・知ってはいるがまだ十分な知識を持っておらず、もっと知りたい場合。
　自分が知っている会社が販売しているものではなく、知らない会社が販売しているものを探したい場合や、そもそもその単語が表すもの以外でもやりたいことが実現できる可

上級編

能性のあるものを探っている場合もあります。

例えば、「サーボモーター」や「光電スイッチ」など、販売している会社は知っているが他の情報も知りたいという理由で探す場合です。「そもそもこの使い方なら〈サーボモーター〉じゃなくてもいいのではないだろうか？」というレベルからということも考えられます。

・**全く知らないもので、基礎的な知識から欲しがっている場合。**
「○○○○って何？　今度使おうと思っているんだけど、こういうケースで使えるのかな？」
そもそもその業界でよく売れている商品の固有名詞を知らないので一般名詞で探しています。

などのパターンであることを示唆しています。

ある程度探すものが決まっている場合は複数の単語を組み合わせて検索することが多いです。
一語だと範囲が広すぎて探すのが大変だからです。

逆に考えると一語の場合はわざと対象を絞りたくないと考えている場合もあり、探すものが漠然としている可能性が高いわけです。
ですから、もし一語の問い合わせを見つけた場合、「なぜ、その○○○○を検索したのか」を聞くことができるとページを

- 165 -

8. 商品企画への活かし方

作る際の参考になります。

　複数の単語で検索している場合は何を探しているのかが比較的分かりやすいですが、一語だとその単語の何を探しているのかがよく分かりません。

　直接聞いて何を探していたのかが分かると一語の場合にそういう探し方をする人がいるということも分かり閲覧者として想定するパターンの一つが明確になります。

　明らかにその探し方はおかしいという場合もあると思いますが、それは無視すればよいだけのことです。

　ヒアリングをしていくと自分の感覚がずれていることが分かる場合もあるので何人かに聞いていくことは重要です。

　その一語で検索しているお客様のケース（使用方法）はその商品の開発時には想定していなかったケースだとしても実際に使おうと思った場合は少し改造するだけで使えるようになるかもしれません。

　そこにはもしかしたら巨大な市場が存在しているかもしれないわけです。

　そう考えると特殊すぎて想定外で一般的には厄介な質問に思える「○○○○に使えますか？」という質問は非常にありがたい質問となります。

　こういう質問をどんどんしてもらうためにも、親切で誠実なホームページが必要になってきます。

- 166 -

上級編

9. ブランディングについて

　ホームページを閲覧者目線で作り、改良を続けていくと、このページの閲覧者にはこのページに来ると何か新しい発見を得られた、助かった、親切なページだというイメージが焼き付いていきます。

　そのうち、「○○を調べるなら、このホームページ」というイメージが定着するとそれがブランドと呼ばれるものになります。

「心に触れる」ということですね。

　メール配信も同様です。

　本当に役に立つ、面白い情報だけを送り続けていれば、「このメルマガは読まないといけない」「この会社は私にとって役に立つ」というイメージが刷り込まれます。

　ブランドとして確立されると、まず競合との比較がされなくなります。

　これが一番大きいのです。

　その会社が少しでもかかわっていそうな商品・サービスがあると一番に調べてもらえますし、優先的に購入してもらえます。

　また、既に信者となっているので広告塔となってくれる可能性が高いです。

9. ブランディングについて

　この作家が書く本は内容は見ずに必ず買うという人もいると思います。

　ブランドが確立するとそういう状態になります。

　ブランディングは一朝一夕では確立しないので日々コツコツ行う必要があります。

　ブランディングの効果測定をするなら、問い合わせをしてくれた人に直接ヒアリングして、ホームページに関する印象を聞くべきです。

　よくアンケートとかユーザー満足度調査でまとめて行うこともありますが、一人一人に直接聞くのが一番正確に情報を収集できる方法です。

　その際に親しくなれれば、

・自社のホームページで使いにくいところはなかったか。
・他に見たページはないか、そのホームページに関してどう思うか。

　など、いろいろな情報も聞けますのでお勧めです。

上級編

10. コンサルティングという仕事

■餅は餅屋

既に「プロでもあまり分かっていないことがある」という話を書きました。

では、なぜコンサルティングという職業が存在しているのか、なぜこの本を書いている私はコンサルティングをしているのかと思われるでしょう。

私は就職する前はコンサルティングという職業ほど怪しい職業はないと思っていました。

コンサルティングするほどの能力があるなら、自分で商売して自分で儲ければいいのにと思っていたわけです。

しかし、そうではないのです。

もちろん資金があり、人がいれば自分で商売することもできます。

しかし、そういうものがない場合は出来ない商売もあります。

そのような物理的な問題は今はとりあげません。

- *169* -

10. コンサルティングという仕事

　なぜコンサルティングという商売が成立するのかについてお話します。

　コンサルティングを多数のお客様にしていると一つ一つのお客様の全体的な平均に比較して良い部分、悪い部分がよく分かります。

　営業をしている時にお客様と話をすると
「ここをこう変えるととてもよくなるのに」
　と思うことがあります。
　逆に
「それはすごいこと考えてますね」
　ということもあります。

　そうすると、別のお客様に話を聞いたときにひらめきがうまれます。
　その情報を知っているお客様の情報を、知らないお客様に伝える場合は単純に教えただけになりますが、自分の中で一段階抽象化して記憶することが出来ていると同じ情報でなくても応用が利くときがあります。

　実際に経験していなくても聞いたことと全く同じでなくても想像して適用できそうであれば
「ここはこうすればどうですか？」
　と提案すると

上級編

「あ、そうか、そうすればいいですね」
　とお客様が言って下さることがあります。
　それはとてもうれしいことです。

　まさにコンサルティングが役に立った瞬間です。
　人に喜んでもらえるという意味では自社で開発した商品・
サービスが役に立った時と同じ喜びがあります。
　また、全く知らない知識が増えるという意味では自社開発に
勝る楽しみがあります。

　一企業の中で仕事をしていると、同じ仕事をしている他社の
方の状況に触れることはあまりありません。
　しかし、コンサルティングという職業では同じ悩みを持つ多
数の企業に触れることができます。
　そこで教わり、自分なりの解釈が出来れば、別な形で伝える
ことができるようになっていきます。
　まさに「ヒアリングわらしべ長者」なのです。

　何を言いたいかというと、この本はこの本の内容を読んで実
践していただくだけでも効果はあるはずですが、よく分からな
い点などありましたら、「相談に乗ってほしい」と連絡頂けれ
ばと思います。
　この本の読者の方と一緒に悩み、問題を解決していくことを
楽しみにしています。

11. 上級編まとめ

■戦わずして人の兵を屈する

「孫子」は基本的に「戦わずに勝つのが最も良い」という思想です。

　ホームページの場合も戦わないで勝つのが一番よいわけです。

　上級編の内容も実は孫子の兵法に書いてあることそのままなのです。

　つまり、誰（ホームページ作成者）も気づかない検索単語を見つけて、その単語をテーマとしたページを作り、ひそかにアクセスされて引き合いや売り上げを増やすということです。

　まさに「百戦百勝は善の善なるものに非ず。戦わずして人の兵を屈するは善の善なるものなり」です。

　皆がたくさん検索しているところに割って入って順位を上げる戦いというのは難しく険しいものです。

　そこに労力を費やすより、他の作成者が気づいていない、よく検索される単語を見つけるのが一番良い方法です。

■見込み客の獲得から売り上げるまで

　ホームページの運営において、企業の場合の目的は新規客か

らの購入につながる問い合わせを増やすことです。

　ただ、検索エンジンの順位を上げただけでは問い合わせにつながるとは限りません。

　近くの順位の別のサイトのページよりも魅力的なコンテンツで問い合わせたくなるように作る必要があります。

　問い合わせのメールを受けた際も出来るだけ、そのお客様のニーズをつかんで万全な状態で連絡をすることが獲得アップにつながります。

　定期的にメール配信を行いタイミングを探ってお客様に優先順位をつけることは重要です。

　さらにいったんコミュニケーションが取れれば、それを記録していけば、自分にとっても会社にとっても有用な情報となります。

　それを基に将来の連絡を取れるようになるわけです。たとえ、その時に担当した営業マンがいなくなっていたとしても別の新しく担当になった営業マンが参考にすることが出来ます。これが営業支援システムとなります。

　蓄積したお客様の情報はメール配信やアンケートをすることにより、さらに優先順位をつけることが出来、次の営業につながっていきます。

　ホームページとインターネットを融合すれば低コストで効率的な営業活動を行うことが可能になります。

まとめ

1. 日々行うこと

1. 日々行うこと

　ここまで読んでこられて内容には納得されたことでしょう。
　しかし、「実際にさあ始めよう」となった時に「どこから始めよう？」となる方が多いので補足します。

■テーマに沿ったページになっているかの調査

・増やすパターン

1．ページごとにアクセスに使われた検索単語の一覧を作成します。

2．その一覧を見て違和感のある単語群を見つけます。

3．その単語群を別ページとして分離独立させます。

4．この作業を週1回でもいいので行います。

5．1ヵ月ほど経って、同じページのアクセス状況を確認します。

6．元のページと分離したページのアクセス数の合計と1で
みたアクセス数を比較します。

7．分離して合計数が増えていれば、成功。減っていれば失
敗なので元に戻します。

・減らすパターン

1．ページごとにアクセスに使われた検索単語の一覧を作成
します。

2．それらをページごとに確認していきます。

3．似たような単語群でアクセスされているページが複数な
いか確認します。

4．なければ終了です。あれば一つのページに統一します。
片方を消します。

5．1ヵ月ほど経って、同じページのアクセス状況を確認し
ます。

6．元の二つのページのアクセス数の合計とまとめた一つの
ページのアクセス数を比較します。

1. 日々行うこと

7．統一して合計数が増えていれば成功。減っていれば失敗
なので元に戻します。

■上位表示でアクセスの多いキーワードの近くの
順位のページ調査

アクセス数の多いキーワードがある場合

1．そのキーワードで検索します。

2．自分のサイトの上下のサイトをクリックして確認します。

3．自分のサイトと比較して、良い点・悪い点を調査します。

4．良い点は見習い、悪い点は他のページで同様なことをして
いないか確認します。

これは上位表示しているからといって油断しないためです。
他のサイトに流れていないかを確認します。

■新たな単語の発掘

順位は低いがアクセスされているキーワード、検索だけされ
ていてアクセスされていないキーワードを探す。

まとめ

1. それらのキーワードの中で優先順位を決めます。

2. そのキーワードがテーマになっているページが存在する
   場合はそのページのコンテンツを充実させる。
   存在しない場合は作成する。

3. 週1回ぐらいのペースでもいいので、低い順位でもアク
   セスのあるキーワードを見つけ改良していきます。

おわりに

　ホームページを作成する際に指針となるようにという思いでこの本を書きました。

　ソースコードに関してはこのように記述するということや検索エンジンに対してはこのように書きましょうという内容の本は多いと思いますが、ページの中身をどのように書けばよいかという点に言及した本や情報は少ないです。

　また、デザインが立派に出来ていれば「よく出来たな」と思える一方で、果たしてそれで本当にホームページが役に立っていると言えるのかが分からないのが実情です。

　実際に役に立っているかどうかはホームページで新しく知って頂いたお客様が購入したかどうかによるのですが、電話で連絡が来ると記録をしておく必要がありますし、ページのフォームから引き合いが入っても、情報を営業マンに渡したところからは営業マンの力量にかかってくる部分もあり、ホームページが販売につながったことを確認することも難しい場合は多いです。

　そこで引き合いをもらった後に関しては切り離して、とにかく引き合いの量を増やすことをホームページの役目として割り切り、そのためにどうすればよいかを出来るだけ分かりやすく

おわりに

書きました。

　この本を読まれて十分理解していただければ上司から
「ホームページをとにかく改良してください」
　と言われた際に順序だてて行動に移せるはずです。

　この本を読んで、ホームページ改良を実践してみて分からないことがありましたら、こう考えてください。
「それはサイトの内容に関する知識のないホームページ閲覧者にとって良い改良ですか？」
　この問いに「はい」と明確に答えられるかどうかを自問自答してください。

　決して自分自身に置き換えて考えないでください。
　このことをどうか忘れないようにしてください。

　最後に新卒で入社させていただき、イプロスを実現させてくださった株式会社キーエンスの創業者である滝崎武光さん、商品企画時代の上司であり、株式会社イプロス初代社長の岡田登志夫さんには大変お世話になりました。私にとっては様々なことにチャレンジさせていただけた大変ありがたい上司・会社でした。
　また、イプロス創業時も、またキーエンス退社後も一緒に創業した株式会社アプトの社長である山口政弘さんには今でも大変お世話になっています。

この本を書くにあたっては学生時代の教科書・先生・先輩・友人・後輩、会社に入ってからのお客様との会話や上司・同僚、会社を興してからの社員と話したこと、弓道で出会った方々と話したことがヒントになっています。

　本当にありがとうございました。

　いつも助言をくれる妻、少なくてもピンポイントでよい指摘をくれた息子にも感謝しています。

　この本を手に取ってくださった方に何らかの気付きやメリットがあることを信じております。

　最後になりますが、

　・納得はしたけれど相談してみたい。
　・自分でやってみようとするとうまくいかない。

　などございましたら、ホームページのことでもマーケティングのことでも商品企画のことでも何でも構いません。

　是非ご連絡ください。

株式会社レクタス

https://www.rectus.co.jp/

〈著者紹介〉

秋山　典丈（あきやま　のりたけ）

1971 年（昭和 46 年）生まれ。

父の転勤に伴い、横浜と神戸、西宮で過ごす。

1995 年、東京工業大学大学院理工学研究科情報工学専攻修士課程修了。

株式会社キーエンス入社。開発・販売促進・営業・商品企画を経て、

2000 年、製造業向け検索マッチングサイト「イプロス」を企画。

2003 年、キーエンス退社。

その後、製造業向けマーケティング・販売促進コンサルティング会社として

株式会社アプト創業。メール配信や営業支援システムを提供しつつ、

ホームページ作成のアドバイスも行う。

2018 年、システム開発とホームページコンサルティング、メンテナンス、

商品企画コンサルティングに特化した株式会社レクタスを創業。

ご連絡は下記へ

株式会社レクタス

https://www.rectus.co.jp/

心に触れる　ホームページをつくる	2018年10月29日初版第1刷印刷
	2018年11月 9日初版第1刷発行
	著　者　秋山典丈
	発行者　百瀬精一
定価（本体 1600 円＋税）	**発行所**　鳥影社 (choeisha.com)
	〒160-0023 東京都新宿区西新宿3-5-12トーカン新宿7F
	電話 03(5948)6470, FAX 03(5948)6471
	〒392-0012 長野県諏訪市四賀229-1(本社・編集室)
	電話 0266(53)2903，FAX 0266(58)6771
	印刷・製本　シナノ印刷
	ⓒ AKIYAMA Noritake 2018 printed in Japan
乱丁・落丁はお取り替えします。	ISBN978-4-86265-708-4　C0030